神性開発

「練成会」発祥の地・飛田給

生長の家本部練成道場編

神の聖なる癒しの庭

飛田給練成道場

改修された飛田給道場
（平成13年3月）

道場玄関

「神ハ愛也」（玄関ホール）

最初の「神ハ愛也」

谷口雅春先生の「飛田給道場」ご構想

これらの建物の構図の円相を二つ重ねたるは、実相円満、現象円満を現し、過去現在未来の三層と為し、地下は埋没せる過去をあらわし、一階は現在を、二階の道場は未来を光の図となす希望実現の庭とし、中心に実相を顕す。

（「飛田給道場を献ぐる詞」より）

大改修成った大拝殿（正面）

大拝殿（後方）

小講堂

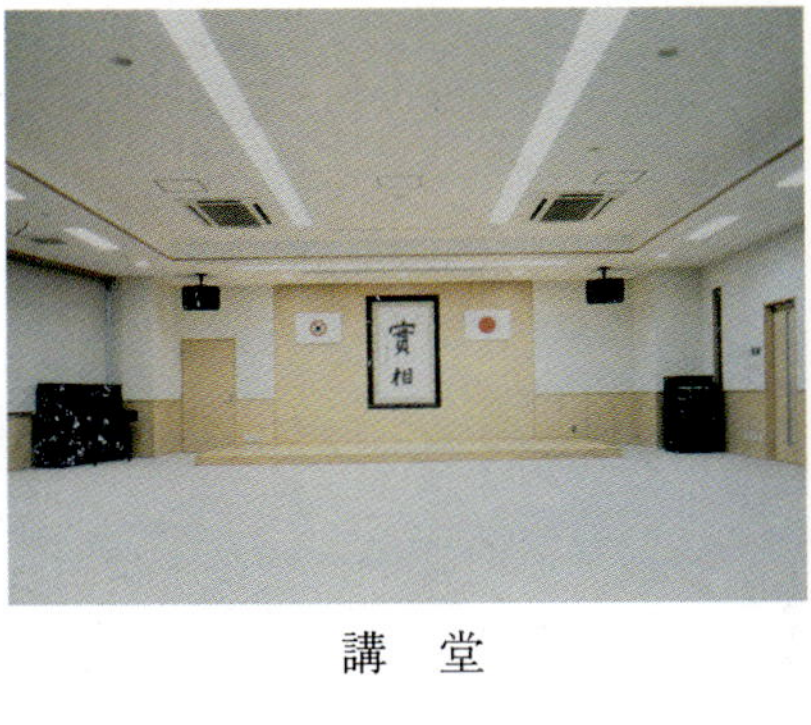

講　堂

谷口雅春先生・輝子先生・清超先生を迎える（昭和23年5月）

開設当時の道場正門

昭和42年、富士河口湖練成道場に移築される

第1回「光明実践練成会」（昭和23年5月29日）

第1回「全日本生長の家青年会全国大会」（昭和23年3月・お山）

谷口雅春先生喜寿奉祝全国信徒大会（昭和44年11月22日）

昭和44年11月、落慶当時の飛田給道場

昭和四十四年十一月二十二日新練成道場の「落慶捧堂式」と、谷口雅春先生の喜寿を寿ぐ「全国信徒大会」が盛大に行われた。

谷口清超先生ご指導「特別練成会」（昭和57年1月）

生長の家総裁・谷口清超先生は、道場開設以来、三十年近きにわたって飛田給の「練成会」をご指導された。現在は年に一度の「特別練成会」に出講されている。

ふるさとの塔

米国・光明思想家・スター・デーリー夫妻と徳久克己夫妻（昭和29年）

宿舎・日月閣の前での記念写真（昭和26年）

高校生練成会（昭和31年8月）

子供練成会（昭和30年8月）

はしがき

〝魂のふるさと〟と慕われ、「練成会」の発祥の地である「飛田給《とびたきゅう》練成道場」（正式には「生長の家本部練成道場」）は、今年―平成十三年五月で開設五十三周年を迎えます。

昭和二十三年五月二十九日、最初の「練成会」である「光明実践練成会」に、生長の家の創始者である谷口雅春先生が、初めて指導されたその日を「道場開設記念日」と定めて以来、飛田給道場は、半世紀にわたって「練成会」を開催し、この間、「人間・神の子」の真理を身をもって体得せんとする人、神の子の実相を顕さんと願う人々が、国内はもとより海外からも訪れ、「練成会」を通して、身も心も浄められ〝神性〟が開発されました。そしてこの中から、生長の家の立教の使命である〝人類光明化運動〟を担う人材が多数誕生したのでした。

そもそも谷口雅春先生は、最初から「練成会」を始めようとされたのではありませんでした。詳しい成り立ちは、本書に記されている通りですが、当初の目的は、終戦後、占領軍と日本女性との間に起った、胎内に宿った生命を堕胎するという、深刻な問題に大変憂慮された谷口先生が、堕胎される子供の救済事業として「無痛分娩産院」を開設されることになり、東京・調布にあった多摩保養園を購入して、院長に産婦人科医の徳久克己氏を招請されたのでした。

ところがこの事業は、占領軍総司令部から許可されず、それに代わって「神の子・人間」を誕生せしめる「神性開発練成会」として、人類光明化運動を担う人材を養成するとともに、生長の家の〝自他の苦悩の救済の一部門〟である、真理による癒しを実践する「練成道場」として、現在に至ったのでした。

ところで「練成会」発祥の地である飛田給道場は、昭和四十四年十一月に、最初の建物を富士河口湖練成道場に移して、ビザンチン様式を取り入れた円形の建物に建て替えられましたが、この建物も三十年も経過するなかで老朽化し、平成十年に飛田給道場が開設五十周年を迎えるのを機会に、建物の改修を行うことになりました。改修募金が始まるや、国内外の飛田給を愛する人達から、誠心の浄財が寄せられ、平成十二年四月に改修工事が着工され、二十一世紀を迎えた今年の三月に完成いたしました。ここに飛田給道場は、二十一世紀の人類光明化運動の一翼を担い、「練成会」発祥の地にふさわしいその使命を一層果たすために、新たなる出発をいたしました。

この新たなる出発にあたって、「練成会」の使命を正しく果たしつつ、さらに発展せしめて行くために、この機会に「飛田給道場」の誕生の由来と、その発展の経緯を辿ることによって、そもそも「練成会」とは何か、「練成会」の意義とその使命とは何かを、しっかりと把握することの必要を感じると共に、そのことを現在「練成会」の指導と運営に携わる方々と、「練成会」に参加下さる人達にも知って頂きたいとの思いから、本書が企画されることになったのでした。

従って本書は、飛田給練成道場の半世紀を支えてこられた方々の、その時々の文章や、講話、座談会等を柱として構成されています。特に「練成会」誕生の中心的役割を果たされた徳久克己生長の家長老には、文章だけでなく、谷口雅春先生からの書簡を始めとする貴重な資料を提供して頂きました。ここに心から感謝申し上げさせて頂きます。

本書が、人類光明化運動・国際平和信仰運動の重要な一翼を担う「練成会」の発展に、少しでも役立つならば、幸いこれにすぐるものはありません。

おわりに、本書の出版にあたりご尽力を頂きました皆様に、心から感謝申し上げます。

平成十三年三月二十一日

生長の家本部練成道場

総務　阪田成一

目次

本書で引用した図書の中には、正漢字、旧仮名遣いのものがありますが、本書ではこれらを常用漢字、新仮名遣いに改めさせて頂きました。（編集部）

神性開発

「練成会」発祥の地・飛田給

第一章　「練成会」の誕生とその使命

生長の家本部練成道場総務　阪田成一

生長の家の創始者である谷口雅春先生は、青年時代に、

「何故この世には、弱肉強食や争い、悩み、悲しみ、そして病気、不幸が絶えないのであろうか。もし全能の神や仏が真実にましますならば、何故この地上の悲惨を救い給わないのであろうか。またもし神仏なしとするならば、何故人間はその魂の底から救いを求め、一切の苦悩より解脱を願ってやまないのであろうか」

と、人生にとっての根本的な問題を切実に考えられて、この矛盾を解決するために仏教、キリスト教など、古今東西の宗教や哲学の真髄を探求されるとともに、祈りと思索を続けて行かれました。

そしてついに、

「人間は、皆その本質において神の子であり、生きとし生けるもの悉《ことごと》く愛なる神によって生かされているのである。そしてこの世は、すべて自分の心の影であって、一切の不幸や苦難は、自分の心の想像的産物に過ぎない。心の眼を開けば、今ここに天国浄土はありありと開けて来るのだ！」

という、一大光明の世界に到達されたのでした。

ここに、昭和五年三月一日、一切の宗派を超越し、すべての人々に〝光明〟と〝歓喜〟と〝自尊〟の火を点ずるところの、月刊『生長の家』を創刊されました。

谷口雅春先生が『生長の家』誌を出されたそもそもの目的は何んであったかと言いますと、先生はつぎのように述べておられます。

《生長の家は、決して机上の空論を書いたり、単に病人に対する慰めの話を書いたり、或《あるい》はまた単に修養の話を書いたりしてそれを売ると云《い》うことが目的ではないのであります。自分の生活というものを実際によくすると共にそれを他に及ぼして、他の生活をもよくしてゆく、それをだんだん押し弘めてゆくことに依《よ》りまして社会をよくし、国家をよくし全世界を光明化して行くという為に実現したのでありまして、「七つの光明宣言」の第七ヵ条に書いてありますように「相愛協力の天国を地上に建設せんが為に実際運動を起す」のであります。
併《しか》しながら、病気というものはまあ人類の大多数が患《わずら》うものであり、人類の大多数が之に関心を有《も》たないものはないし、又結局病気に一度もかからないという人も殆《ほとん》どないのであります。どんな達者な人でも、死にぎわにはきっと病気に罹《かか》る。ですから病苦を救うということは全人類の苦しみの主要なるものを救うということになるのでありますが、それが此の生長の家の自他の苦悩の救済の一部門になっているので、是は当然なことなのであります。併し信仰によってその病苦を済《すく》うのは治療を施して済《すく》うのではなく、人間観の自覚の転換によっておのずから済《すく》われるのであります》

（『新版　真理』第七巻二九頁〜三〇頁）

この「相愛協力の天国を地上に建設せんが為」の「実際運動」のことを「人類光明化運動」と名付けられました。こうして「正しき人生観と正しき生活法と正しき教育法」を、全ての人々に伝えるために、雑誌・書籍による「文書伝道」と、口演説法である「講習会」を中心とする運動が展開されることになったのでした。

この二つの運動に戦後は「練成会」が加わり、合宿形式によって生長の家の教えを伝える運動が始まったのでした。この「練成会」が始まったことによって、人類光明化運動は大きく発展して行くことになりました。練成会によって、自分の神性を自覚する人々が多数誕生し、それらの人々によって人類光明化運動が推進されることになったからでした。

とりわけ「練成会」の始まりと、「生長の家青年会」の誕生とが同じ時期にあたり、その上、担当者である徳久克己氏が、この二つを兼ねることになったことで、当初は青年会の幹部を養成することを主眼とした「光明実践練成会」として出発したのでした。そしてまもなく、その対象を全ての人々に広げて、名称も「神性開発練成会」として、今日、日本だけでなく、ブラジル、アメリカ、韓国、台湾、ドイツ等において行なわれるようにまで発展して行ったのです。

それでは人類光明化運動、とりわけ戦後の運動に大きな役割を果している「練成会」は、どのようにして始まったのでしょうか。それはまことにも不思議な経緯を以って誕生したのでした。

〝無痛分娩産院〟から〝練成道場〟に

そもそも「練成会」の発祥の地は、飛田給練成道場（正式名は生長の家本部練成道場）ですが、谷口雅春先生は最初から「練成会」を始めようとされたのではなかったのでした。

昭和二十年八月十五日、大東亜戦争が日本の敗戦という形で終戦を迎えたその日、先生は、「これから日本の実相顕現をやらねばならぬ」と言われて、敗戦後の混乱のなか、用紙の入手がきわめて困難であったにもかかわらず、逸早く一年間も戦争のために休刊をよぎなくされていた『生長の家』誌と『白鳩』誌の再開に着手され、昭和二十年十一月号より両誌は復刊されることになりました。

谷口雅春先生は、復刊第一号の『生長の家』誌の巻頭言において

《吾々は今、言論及び集会の自由を得て、何の恐るるところなく万教親善の真理を語ることが出来ることを喜ぶ。――これを機会に吾等は万国宗教親善協会を設立し、すべての日本宗教家は勿論、世界各国の宗教家と度々会合し、万教親善、国際親善の実を挙げる最初の一歩を踏み出したのである》

と、宣言されると共に、「『生長の家社会事業団』の設立」を提唱され、〝日本の実相顕現〟のための具体的方策を打ち出されたのでした。その冒頭において、

《爰《ここ》に吾等は時局に鑑み、生長の家社会事業団を設立し(財団法人の手続準備中)日本未曾有の難局を乗切り全国十万の誌友が真理への開眼の神恩に応えんが為、大死一番、一身を捧げ、一

切の利害を抛って成就すべき具体的転法輪たらしめんとす》

と、全国の誌友に「生長の家社会事業団」への参加を呼びかけられるとともに、先生は政治結社「全国精神主義連盟」の創立をはじめとする、十項目の具体的な方策を打ち出されたのでした。

その「生長の家社会事業団」の事業の一つとして、無痛分娩産院を開設することになり、東京都北多摩郡調布町にあった多摩保養園を購入されました。

それは終戦後、アメリカを中心とした占領軍の進駐によって、占領軍兵士と日本女性との間に、複雑な性問題が起り、その結果、胎内に宿った生命を堕胎するという深刻な問題が起ったことに起因していました。この現状に深く心を痛められた谷口先生は、

「妊娠して困っている人は堕胎するまでに生長の家に来れ、無痛分娩させて、あとの胎児の養育は引受ける」という新聞広告を出されて、堕胎される子供の救済事業を起されたのでした。そのために、生長の家の信徒であり満州の興安病院の副院長をしていた、産婦人科医の徳久克己博士をその産院の院長に招かれたのでした。

谷口雅春先生が、昭和二十二年八月七日付の徳久博士に出された手紙に、無痛分娩産院の開設についてつぎのように認められています。

《拝啓　帰朝後　捲土重来の御活躍、お蔭さまにて高知市にては最近めきめき誌友増加致し有りがたく存じをり候。さて最近、本部建物として、東京都北多摩郡調布町（新宿駅より五十分間の郊外）にある某大病院を医療器施設共購入致し、既に三十万円手附金本日支払中候。病室六十室ばかり有之、これを「無痛分娩産院」として産前半ヶ月、産後半ヶ月合計一ヶ月入院せしめ、入院中光明思想の指導により無痛分娩せしめ、産後は光明思想による産児の育児法につき講義して退院せしめるやうすれば、東京はバラックに数人雑居してゐてお産にも差支へる現状なれば相当入院希望者もあることと存じ候。その収入にて、一方近頃「闇から闇へ葬る」胎児を助けて育てる救護費にあて、その幼児を育て、幼稚園を、更に小学（校）をと順次大学までつくりたき希望有之候。病院は九月末三百萬円支拂ひ、十二月に明け渡しと同時に三百萬円支拂ひ、あとは月賦毎月三十万円合計一千三百八十万円に候。（唯今、尚、交渉中）貴下東京に出馬願ひたしとも存じ候が、如何に御重《おおもい》候也《そうろうや（ママ）》（以下略）》

こうして谷口雅春先生より「無痛分娩産院」の院長に任命された徳久博士は、産院開設を占領軍総司令部に交渉しましたが、生長の家の無痛分娩の原理と実際が理解されるところとならず許可されず、それに代って「唯物的人間」を「神の子・人間」に新生せしめる「神性開発練成道場」

として、当初の構想よりもスケールを大にして出発することになったのでした。

公職追放と法燈の継承者

ところで、谷口雅春先生が「無痛分娩産院」の設立のために力を注いでおられた頃、先生の身の上に、占領軍によって公職追放の指定を受けられるという出来事が起りました。その当時のことを、谷口雅春先生は、『愛はかくして完成す』の中でつぎのように書いておられます。

《終戦直後、上陸して来た占領軍は、日本の有力な愛国者のリーダーを再び連合軍に対して決起することのないように根絶《ねだや》しするつもりで、すべての愛国団体に解散を命じ、その財産を没収し、そのリーダーを戦犯者として巣鴨の刑務所に収容するか、公職追放に処してすべての公的権利を剥奪するかしたものだった。しかし〝生長の家〟は当時、文部省が宗教結社としてみとめていた結果、宗教には「信教の自由」の手前から、手をつけられない立て前になっていたので、直ぐに解散命令は出なかったし、財産没収にもならなかったが、私だけは戦中に執筆したものが、日本の戦力を煽《あお》る文章があるとて追放処分を受けた。(中略)

……吾々〝生長の家〟が表面宗教団体だが、占領軍が吾々を一種の愛国思想団体とみとめれば、何時《いつ》、吾々の〝生長の家〟も解散命令が出るかも知れないので、それを免れるために、〝生長の家〟の光明思想は、日本主義に偏寄《かたよ》った思想ではなく、全世界的に、そして特にアメリカには広くひろまっているエマソンを幽祖とするニュー・ソート的思想であるということを明らかにするために、飛田給の建物を買収すると同時に『生命の實相』の英訳の一部を読んで非常に感激して私にドクター・オヴ・フィロソフィの称号をくれたデンバーのメンタル・サイエンス大学の学長ハードマン博士に連絡して、メンタル・サイエンスの東洋本部をつくることにし、大きな標柱を建てて、それに『メンタル・サイエンス東洋本部』と大書した。一方、全四十巻の『世界光明思想全集』というのを発刊して、毎月一冊ずつ全世界の光明思想を翻訳して出すことにしたのだった》

谷口雅春先生が提唱された「生長の家社会事業団」は、昭和二十一年一月八日に財団法人として認可されましたが、先生が翌年の九月に公職追放に指定された為に、大きく行詰り、十項目の事業の実現が困難となりました。しかし、「欧米科学文献および文学書類の翻訳」の事業は、具体的には『世界光明思想全集』の刊行となって、着々と進められて行きました。

それというのも、のちに谷口雅春先生の法燈の継承者となられる荒地清超氏が、この全集の刊行に大きな役割を果されることになったからでした。谷口雅春先生は『世界光明思想全集』を企画された時、翻訳者の募集をされ、それに応募されたのが荒地清超氏であり、まもなく神縁熟し、昭和二十一年十一月十三日、谷口恵美子様と結婚され、谷口清超先生として、名実ともに法燈・血脈を継がれることになったのでした。

「生長の家青年会」の結成と「飛田給道場」の開設

昭和二十三年三月十六日から二十五日にかけて、「練成会」誕生のきっかけとなった「光明生活実践会」が行なわれました。「光明生活実践会」について、徳久克己講師はつぎのようにそのいきさつを語っています。

《私は、大きな病院の敷地のなかにある、一軒の家に住まわせていただき、大きい建物が何にも使われず、ガランと空いているのを、毎日ながめながら、心の底から申し訳ないと反省し、この建物を生長の家の発展のために、どのように使ったらよいか、神に祈っていました。その時に、大きいよごれた病院を清掃するために行なった「光明生活実践会」のことが、心にうかびました。

当時、生長の家の運動は、谷口先生の講習会と、本部講師が出張して行なう光明講座、地方講師による第一線の講演会でありました。（中略）飛田給の建物は病院にする計画でありましたので、運営は独立会計にし、本部から、給与その他の経費はいただけませんでしたので、とにかく大きい建物を、なんとかして維持しなければなりませんでしたので、本部にお願いして、私が光明講座をした、奉納金の半額を飛田給の方へいただくことにして、運営をすることになりました。

しかし、この大きい建物を遊ばしておくことは、まことに申し訳ないことでありますので、谷口先生にお願いいたしまして、生長の家の生活法を実践する道場にしたいと思いました。そして建物を清掃するために、東京の青年会に呼びかけて行なった、「光明生活実践会」がとてもよかったことを、先生に精《くわ》しく申しあげまして、御指示をいただきました。すると、先生は「青年幹部練成会」をおゆるしくださいまして、生長の家の「生活法」（編者注・『生命の實相』第七巻、生活篇）を実践して、一人一人の神性を開発する会を、この建物をつかって行なうことになりました。当時、私は青年部長でありましたし、これからの日本がどうなるのか、生長の家がどうなるのか、見通しのつかないような時でありましたが、とにかく、日本の将来をになう青年に、焦点をあてた練成をしたいと思いまして、青年幹部練成会を行なうことになりました》

（徳久克己著『心の持ち方一つ』（上）一〇五頁〜一〇六頁）

東京の青年会の男・女各々七名、計十四名で行なわれた「光明生活実践会」が終ってまもなくの三月二十七日・二十八日の二日にかけて、赤坂檜町の生長の家本部道場において初めての「全日本生長の家青年会全国大会」が開催されて、ここに人類光明化運動の中核体となるべき「生長の家青年会」が誕生しました。

こうして、「生長の家青年会」の結成にともない、青年会の幹部を広く養成することを目的とする「光明実践練成会」が行なわれることになったのでした。

即ち昭和二十三年五月二十一日から六月三日までの二週間にわたって「第一回光明実践練成会」が開催され、全国から約八十名の男女の青年が参加し、つづいて七月、八月と開催され、その年の十一月からは広く一般の人々を含む「神性開発練成会」へと移って行きました。

かくして、「練成会」は人類光明化運動のリーダーを養成すると共に、生長の家の〝自他の苦悩の救済の一部門〟を担うところの真理による癒しを実践する「いのちのゆには」(見真道場)として、キリストの奇蹟を現代に復活するところの、幾多の奇蹟的治癒を実証しつつ、現在に至ったのでした。

雹《ひょう》と共に〝聖霊〟天降る

ところで、谷口雅春先生が「練成会」を初めて指導された、昭和二十三年五月二十九日（この日を以って「道場開設記念日」としている）に、めずらしくも雹《ひょう》が降ったという。当時、道場で農事を担当していた村田圭介氏（本部講師として一貫して「練成会」の指導に当る）は、平成十年五月二十九日の「道場開設五十周年」を祝して、次のような詩を献呈されました。

祝典の詩《うた》

村田圭介

創り始められた
草創の五月……下旬、
両先生をお迎えして
五月下旬に雹《ひょう》が降った。
天地四方が振動したかと思った。
それから此処《ここ》は〝聖地〟となり、

病が癒され
あしなえが立ち
眼は開き
耳が聞こえた……。
遂《つい》に信仰の拠点として花咲いた。
以来、五十年……
新世紀の初夜、
いま新しい人生の旅は始まる。
いま始めよ
いま新しき人生の旅を
始めよ！
この輝かしい祝典をシグナルとして。

村田氏が詩の中で歌ったように、昭和二十三年五月二十九日、雹と共に〝練成会発祥の地・飛田給〟に〝聖霊〟が天降った！　と思わざるを得ません。

かつて谷口雅春先生は、宇治の地に「生長の家宇治別格本山」を建立するため、その敷地の交渉中に、「山火事か」と思う焔《ほのお》のような霊光が、現在、別格本山の敷地となっている地点におりたのを見たという体験を聞かれて、「それは聖霊が降りたのだよ」と言われました。(『聖霊天降る宇治』参照)

そうであってみれば、まさしく雹の降ったその日、飛田給の地にも〝聖霊〟が天降ったと見ることが出来ます。なぜなら飛田給の「練成会」で、続々と奇蹟的とも言うべき体験が生まれ、それが今も続いているというまぎれもない事実こそ、この地が〝聖霊天降る聖なる地〟であることを示す、確かな裏付けということができるからに他なりません。そして「生長の家本部練成道場」を親しみを込めて「飛田給道場」さらには「飛田給」と呼ばれると共に、〝魂のふるさと〟〝心のふるさと〟と親しまれるに至ったのでした。

ところで『生長の家五十年史』(昭和五十五年刊行)は、つぎのように飛田給道場の「練成会」の果した役割について記しています。

《戦後の混乱の中でこの練成会が果した役割は実に大きかった。なかでも敗戦によって自信と生くべき目標を見失った青年に、日本人としての誇りと生き甲斐を与えて新生させて行ったことは、生長の家の練成会ならではのことと言えるであろう。戦後特にひどかった青年のヒロポン中毒などもも練成会ではどんどん治って行ったのである。

そして飛田給の練成によって新生したこれらの人々の多くは、戦後の人類光明化運動に参画し、その発展に大きく貢献して行った。特に初期の練成を受けた人々の活躍はめざましく、この中から戦後の人類光明化運動を担う指導者を数多く輩出したことは特筆すべきことである。

昭和七年谷口先生に天降った「いのちのゆにはの神示」には、この練成道場は、「智慧の光と愛の温さとが曼陀羅《まんだら》として織りなす見真道場《いのちのゆには》」であり、そこでは「人を救うための天使の霊が宿っている善き人たちが諸方から集まって来て、奇蹟《てほん》を此の道場《ゆには》で見せる」と、その第二の神殿（編者注・第一の神殿は、聖典『生命の實相』）としての意義が説かれている。その通りにここで練成を受けて新生した人々は、人類光明化運動の担手として、全国各地へと羽撃《はばた》いて行ったからである》

「飛田給練成道場」は、人類光明化運動の〝霊の選士〟を誕生させると共に、現在行なわれている生長の家の宗教的行事である「浄心行」「祈り合い神想観」「先祖供養」「実相円満誦行」そして「祝福実践」等を生み出し、生長の家での信徒の間で交わされる、合掌して「有難うございます」

と言う挨拶も、この「練成会」の中で行なわれ、それが信徒の間に広がり定着して行ったのでした。さらに谷口雅春先生が日々実践しておられた早朝五時十分からの神想観実修と聖経読誦、夜八時三十分からの神想観実修も、練成会を通じて、信徒間で行なわれるようになって行ったのでした。その意味でも「飛田給練成道場」が果して来た役割は実に大きいものがあると言えます。

やがて練成道場は、飛田給につづいて昭和二十五年四月には、広島県尾道に「生長の家西日本練成道場」（編者注・現在は廃止されている）が開設され、昭和二十九年六月には、生長の家宇治別格本山に「修練道場」が誕生。その後、長崎、福岡（ゆには）、富士河口湖、さらに山口県の松陰練成道場とつぎつぎに開設され、現在では、国内五十九教区の生長の家教化部において「教区練成会」が開催されるようになりました。

また、昭和二十九年に飛田給で初めて行われた「十代の集い練成会」や「子供練成会」は、現在では春、夏、冬の休暇を利用して全国で開催されている「小・中・高・大学生練成会」へと発展し、毎年多くの「神の子」を誕生させています。

さらに海外においても、昭和三十年にはブラジルのサンパウロに練成道場が開設され、アメリカでは「国際練成道場」が法人化されて、「国際練成会」が年数回開催され、その他韓国、中華民国（台湾）、ドイツ等でも練成会が開かれるまでに発展して行ったのでした。

このように「練成会」が盛んとなったのには、「練成会」が合宿形態で集中的に生長の家の真理を学ぶだけでなく、それを実践するという、それまでになかった新しい伝道方式であったという理由があったからでしょう。それまでの光明化運動の中心は、文書並びに口演による伝道でしたが、新たに合宿生活による「練成会」が、生長の家の伝道方法の一つとして、加えられることになったのでした。このことによって、戦後の人類光明化運動は、文章伝道、講習会・講演会・誌友会、それに新たに練成会が加わり、これらの伝道方法をもって運動を展開して行くことになったのでした。

〝真理〟の生活化を実践する場

「練成会」誕生に大きな役割を果した、徳久克己講師は「練成会をなぜはじめたかと言いますと『生命の實相』に教えておられる〝生長の家の生活法〟を実際に行じるためでありました。早朝行事として、神想観を実修し、聖経を読誦して、一日中感謝の生活をし、伝道を実際にしてみるという生活なのです。生長の家は『生活に生きる宗教』として、教えそのものが私たちの生活に、そのままに生かされるところに素晴しさがあります」（体験集『飛田給』昭和六十年八月号）と言われています。

また「練成会で、多くの人が救われてゆくのは神想観、そして一日三回の聖経読誦、先祖供養、祈り合いの神想観などの〝行〟によるのであります。講話とか個人指導は、練成会にこなくても、聞き、受けることができますが、〝行〟は練成会にくることによって、実践することができるのであります。それに最も大切なことは、同室になった人びとと話し合うことによって、お互いが救われてゆくのであります。私はいつも練成会を指導しておられるのは、生長の家の神様であると信じております」（同上）とも言われています。

ところで谷口雅春先生は『生命の實相』第七巻・生活篇の〝はしがき〟において、つぎのように示めされています。

《〝人間本来無限力〟の真理も、〝人間本来清浄〟の真理も、ただそれが頭脳知だけに止《とど》まっているだけではその力は薄弱である、それが信念になるとき、すなわち潜在意識の底深く印象づけられたときにおいてのみ、俄然その力を発揮するのである。そのためには「読書百遍意おのずから通ず」式にこの『生命の實相』を繰り返し読んで、その説かれている真理を信念的にわがものとしなければならないのである。（中略）

しかし、真理が頭脳的知識から潜在意識的信念に移行するさい、その真理が現実生活化しないとすれば、本当はまだその真理が信念にまで深く移行していないのである。真理は、知識から信念に、信念から生活へと移行しなければ、まだ本当の信念ではないのである。真理を知識的に知ることは貯水池に豊かな水が湛《たた》えられていることを知ることである。知っただけではまだその水は自分のものにはならないのである。貯水池の水が地下を通る輸送管（潜在意識）に流れ入らねばならぬ。しかしそれだけではまだその水は自分の用にはならないのである。最後にわたしたちは水栓を開かねばならぬ。すなわち真理の〝行動化〟または〝生活化〟が必要なのである》

この文章は、真理を生活化する、生長の家の「練成会」の誕生を、既に暗示しているとも言えますが、実際には日本が敗戦という歴史上未だなかった未曾有の、国家として最大の危機ともいえる秋《とき》にあたって、その任にふさわしいよき人物を得て、はじめて昭和二十三年三月、東京は飛田給の地に実現したということになりましょう。

ところで谷口雅春先生は、『生命の實相』の真理を「自己の実際生活に応用する武器たらしめんがための、最後の段階となるべき〝いかに生活すべきか〟の問題を取り扱った」ところの『生命の實相』第七巻・生活篇を、出版されるとともに、次篇として『生命の實相』第八巻・観行篇を出されています。

その〝はしがき〟においてつぎのように教示されています。

《「實相篇」において、人間の実相は無限知、無限愛、無限生命、無限歓喜、無限調和……等なるところの宇宙生命が、今ここに地上に降誕せるものであることを明らかにしたのである。「實相篇」は『法華経』における「如来寿量品」にあたる。キリスト教においては〝われはアブラハムの生まれる前《さき》よりあるものなり〟のイエスの一大宣言にも当たるものである。しかしその無限知無限愛なる人間のこの〝実相〟をただただ、書籍において通読し、頭脳の皮層において理解しただけでは、その真理が如実に〝自分のもの〟とはならないうらみがあるのである。それは生活によって実践されなければならない。そのゆえに本書の第七巻「生活篇」においてその生活法が示されたのである。すなわち「生活篇」においては、人間の円満完全なる実相を生活上の実践において、動的工夫のうちにそれを実現する道を説いたのであった。しかしたんに動的工夫だけでは、ともすれば浮世の現象的動揺に左右されて、深く〝実相〟の内部に沈潜することができないうらみがある。ここにさらに静的工夫によって、あたかも潜水夫が海の底ふかく沈んで貴い真珠を採取して帰るように、深く人間の〝実相〟に沈潜して、人間の貴い内部にある〝実相〟――すなわち本来円満完全にして無限知・無限愛・無限力量なるものを現実にまで獲得してこなければ

ならない理由があるのである。その静的工夫こそが本篇において説かれている観行である》

ここに「生命の実相の真理を行的に展開するためのもの」として『生命の實相』第七巻・生活篇による〝動的工夫〟と、第八巻・観行篇による〝静的工夫〟の二つの工夫が示めされて、それを実践することによって「悟りの上は勿論のこと、生活の上にも、健康の上にも、事業の上にも向上の一途を辿ることができる」（第八巻〝はしがき〟）道を示めされたのでした。

そして「練成会」こそは、まさにこの動的工夫と、静的工夫とを、ある一定期間、合宿することによって実践し、修得する〝場〟であり、そこで〝真理〟の行動化、生活化が行なわれることによって、「神の子・人間」を誕生せしめる〝いのちのゆには〟であると、いうことが出来ます。それ故に「練成会」の基本の形態は、あくまで「参加者は宿泊して〝行〟をともに実践する」ことでなければならないということができます。

「練成会」の意義と目的

それでは、谷口雅春先生、谷口清超先生が「練成会」についてどのようにその目的と意義について教えて下さっているか。両先生のご文章を通して学ばせていただきたいと思います。

まず、谷口雅春先生を通して啓示された「『いのちのゆには』の神示」（昭和七年三月十四日神示）にはつぎのように教示下されています。

《見真道場《いのちのゆには》とは真《まこと》を見《あら》わす斎《きよ》めの場《にわ》である。『真《まこと》』とは『生命の実相《まことのすがた》』のことである。斎めるとは迷いを除くことである。人は神の子であるから、その実相を見《あら》わせば病なく、悩《なやみ》なく、死なく、一切の不幸は無い。（中略）人ひとりでも救うのは神の前に大いなる仕事である。此の事はだいじである。本だけ読んで悟れる程の境《きょう》に達していない人のためと、人を救うために尚一層深く知りたい人のために、智慧の光に、愛の温さを加えて色々世話をやくように智と愛との十字で曼陀羅《まんだら》を織らせるのが見真道場《いのちのゆには》である》

《今までの宗教、あるいは教育が効果を奏しないで、釋迦牟尼佛《しゃかむにぶつ》が現れて二千六百何十年、イエス・キリストが現れて約二千年、その伝道者たちが道を絶え間なく説いてきても、一向人間の道徳性が良くならなかったというのは何故でしょうか。それは、人間を善くしようと思いながら、「現象の悪」について、その「悪」を捜しまわって、そして「悪」をとらえて善くしてやろうと思うから、善くならなかったわけなんであります。

人類は二、三千年の間、始終以上のような失敗を繰返してきたのであります。ここに生長の家が現れて今までのやり方と全然違う人間の見方、つまり「現象の悪」を見て善くしようとするんじゃなくて、その人間の奥にあるところの〝実相〟の「完全なるもの」「神の子なるもの」を見詰めてそれを礼拝するということによって人間を善くするという道を開いたわけなのであります。その実践が私たちの練成道場で行われているのであります》

（『實相と現象』二三三頁～二三四頁）

《〝仏性〟又は〝神性〟が宿っていながらまだ開発される機会をもたない人に、それを開発する機会を色々の方面から与えて、その人の魂を練成するのが「神性開発練成会」の使命なのである》

（『真理は生活にあり』二三二頁）

《人間が救われるのは、その人の外見が善人であるか悪人であるかの問題ではない（中略）彼が救われるか否かは彼が〝神の子〟であるところの内在の実相を開顕し得るか否かによるのである。〝金〟が燦然たる光を放つのは、それは本来燦然たる光を放つ実相を内に蔵するからである。しかしながら掘り出した儘の〝金〟の鉱石がそのまま、その実相があらわれて燦然たる光を放ち得るのではないのである。原鉱には色々の夾雑物があり、その夾雑物が純金の放つべき光を覆い隠しているのである。夾雑物をとり除くための精練の過程が必要なのである。精練を実行する前提として必要なのは、「この鉱石の中には必ず〝金〟がある」という「信」である。その〝信〟に促がされ精練の作業がはじまる。生長の家の練成会に於ける神想観や「実相円満完全」の聖句の誦行や、〝祈り合いの観行〟や、浄心行等は、人間の実相の円満完全さを開顕するための精練的作業であるのである》

（『白鳩』昭和四十八年十月号〝箴言〟）

生長の家総裁・谷口清超先生は平成十年二月、飛田給練成道場の開設五十周年を記念して出版された『いのちを引きだす練成会』の中で、つぎのように練成会の意義と役割について教示して下さっています。先生は、昭和二十九年十二月から昭和四十二年十二月まで『聖使命』の〝練成版〟に毎月ご文章を発表され、因みに『いのちを引きだす練成会』は、それをもとにして、さらに加筆されたものです。

また先生は、昭和二十三年五月に「練成会」が開催されてより三十年近きにわたって、飛田給の「練成会」に出講されました。本書の中で先生は、「飛田給道場ができて、そこで練成が行われた時には、以前、私は在京中であるかぎり、一回は行くことにしていた。その日は私にとっても大変楽しい日だった」（同書一二三頁）と書いておられます。

《多くの人々は、「生長の家」の練成会に於いて救われる。中には間違った心の人がいるかも知れないが、その心が「大神」の愛と智慧とに照らされて、瓦解《がかい》する。（中略）

吾々はこのような大神の智慧とみ愛につつまれている「神の子」である。この無我の法悦を教えてくれるのが、「大神」であり、その教えは、知らず知らずのうちに、練成会を通して天降るのだ。吾々は、救われるのであって、誰かが誰かを相対的に救うのではないことを知らなければならない。

それ故あくまでも「我」をのさばらせてはならないのである。「我」をすてるところこそ、練成の庭である。「我」をすてるところで「我」をつかんでは何もならないではないか。吾々は、一切の〝つかみ〟を放下する。いかなる「善」も、これを握れば苦となり醜となるが、いかなる苦も醜も、これを放てば善となる。握ることによって、よくなるものは何一つないが、放つことによって、一切は生かされる。何故なら、神の創造《つく》り給うた完全円満な世界が、今、此処に、既にみちみちているからである。吾々は、この上なく善き世界（実相）に、今既に生かされているのである。

この真理が、練成でわれわれに天降ってくる最高のインスピレーションであり、その神啓を全身心にうけつつ、われわれの魂はいと安らかに憩うのである。今迄の人間的「緊張」によって引きおこされていた一切の苦悩や病気や闘争から解放されるのは、かくの如くにしてである。神は練成会を通して、参加者一同を癒し導き給う。しかし、それは受講者のみならず、講師をも、世話係をも、導き給うのである。一木一草にいたるまで、神のみ愛につつまれない者はない。嗚呼《ああ》、まことにも神のお力は偉大なる哉《かな》》（『いのちを引きだす練成会』一四一頁～一四二頁）

《練成会に来て、人間がすばらしくよくなるということは、人間の「本質」がもともとすばらしいということをあらわしている。そうでなければ、たった五日や十日のうちに、かくも驚くべき変化があらわれるということは、絶対にあり得ないはずである。（中略）われわれは、練成会に於いて、多くの人々が救われて行くのを見る度に、人間の「神性」をマザマザと見せつけられる思いがする。そしてこのような浄化作用は、練成道場という現象的機構のなせる業《わざ》ではなく、明らかに、「生長の家の大神」即ち「絶対なる神」の御働きの地上的顕現であると断言せざるを得ないのである》（同書二二一頁～二二三頁）

《「人間は神の子である」ということを教えられても、それが唯単なる観念上の把握にとどまっていては、「神の子・人間」の実相が現実に現われて来ないものである。宗教は単なる哲学でも思想でもイデオロギーでもなく、それは〝実践〟される生活でなければならない。しかもその実践は、訓練を必要とするのである。そしてその訓練を教えるのが練成会である》（同書八一頁）

《われわれの「実相」はもう既に完全である。このことを知りさえすれば、われわれは現実的に救われる。（中略）

しかしこの「知る」ということは、知識として頭の中に記憶することや理解することだけではない。やはり「心の底から体得し実践する」ことでなくてはならない。その「体得」と「実践」のために練成道場がある》（同書一一六頁）

昭和四十二年、飛田給練成道場は、これまでの建物を富士河口湖練成道場に移築し、新たに建て替えることになり、谷口雅春先生は、ビザンチン様式を取り入れた荘厳な円形の建物を構想され、二年の歳月をかけて、昭和四十四年十一月二十二日、谷口雅春先生の喜寿の御生誕日に落慶されました。この日、新練成道場の落慶捧堂式が執り行なわれるとともに、全国から六千数百名の信徒が参集して「生長の家立教四十周年、谷口雅春先生喜寿奉祝全国信徒大会」が盛大に行なわれました。

この日、谷口雅春先生は「飛田給練成道場を献ぐる詞」をおごそかに、朗々と奉上され、ここに飛田給練成道場は新たに生まれかわり、その使命を一層果して行くことになったのでした。

飛田給練成道場を献ぐる詞

掛巻も綾に畏き塩椎大神として水火土の御はたらきを通して宇宙を創造し給い、立花の言霊の御力にて宇宙を浄め給いて此の土を住み吉しの世界となし給い、天照大御神のみ先き祓いして大日本帝国の実相を顕現したまう住吉大神、時には阿弥陀仏、観世音菩薩等十方の諸仏諸菩薩とも顕れ給い、時には久遠のキリストとも顕れ給いて、人と時と処に随いて三相応の善き教えを垂れ給い、応化無限、救済無限の生長の家大神を遙かに拝み奉りて、大神の喇叭となりて御教えを伝うること正に四十年、茲に新道場の建設を機会に谷口雅春敬って白す。

これの〝道ひらきの斎殿〟に信徒達相集いみ教えを身をもって体得せんと練成を受け、心身共に浄められしもの十有二年にわたりておよそ五万名を数えぬ。この人達また地方の光の中心となり道を伝う。接する人々、伝え聴きし人々、大神の御徳を崇敬し、真理に対して渇仰の心起り、世界各地より心を浄め、身を浄め、神の子たる実相を顕わさんと希える者ども数を知らず、八十綱をもて曳き寄する如く、数え切れず、この〝道開きのにわ〟に来らんとす。愈々その時の迫りたれば古き建物をとり去り、新しき大殿堂を築き為し、しつらえを新たにして、多くの人々の生命を浄むるふさはしき場と成さんとす。

これの建物の構図の円相を二つ重ね連らねたるは、実相円満、現象円満を現わし、過去・現在・未来の三層と為し、地下は埋没せる過去をあらわし一階は現在を、二階の道場は未来を光の国となす希望実現の庭とし、中心に実相を顕ず。地階より大空の見ゆるは、神は空にして無限相なれば無限を現わし、仰ぎ見る人々の心により異る相を見ん。

円の周囲には多くの室あり、それぞれ徳を研く場なり。講堂には四時〝甘露の法雨〟降り注ぎて浄められ、無量阿僧祇の菩薩集まり大神の御教えを受け奉らん。

之れの建物の構図は大神の神徠より発し、作りの技は四方靖朗にして、彼れ此の大殿堂を大神に捧げ奉らんと、身も心も斎き清めて二年にして出来上りぬれば、生長の家四十周年秋季大祭の今日をよき日と選び定めて神祝《ほ》ぎ豊寿《ことぶ》き御祭りを仕えまつりてこの「道ひらきの斎殿」を大神に捧げ申せば、是を嘉《よみ》し納め給ひて今より後は殊更に人類光明化運動の道に栄光を増し給いて、世界の人々、道に迷わず、光を失わず、清き明るき心となりて、真理の道をいや進みに進みて、各も各も愈々深く神仏を敬いて、広くは宇宙を浄化し、人類に平和をもたらし、日本国の実相を開顕し、狭くは個々のいと小さき人々にも祥福の日々を与え給えと恐み畏みて白す。

恐惶頓首々々

こうして谷口雅春先生のご構想によって、昭和四十四年十一月に建てられた円形の建物も、築三十年を経ると老朽化し、練成会の運営にも影響を与える状態となってきました。

そこで平成十年の五月、飛田給道場が開設五十周年を迎えるのを機会に、道場の大改修事業を行うための募金活動が開始されました。またたくうちに国内外から、飛田給を愛して下さる熱心な信徒の方々の浄財が寄せられて、平成十二年四月、大改修工事が着工されました。練成会をはじめとする諸行事を実施しながらの中で、約一年懸かりの工事を経て、二十一世紀を迎えた平成十三年三月三日、大改修工事は完成し、飛田給道場はここに新たに生れ変って、〝「練成会」発祥の地〟にふさわしい、その使命を一層果すための新たな出発を開始したのでした。

第二章　「練成会」はかくして始まった！

生長の家長老　徳　久　克　己

昭和二十一年、満州から引き揚げてきて、幸い焼けていなかった父母の住む自宅に落着き、そこで、ささやかな産婦人科の医院を開業して約一年、どうやら患者もつき、自活の道が開けたと思っている時、谷口先生から、私に一通の手紙がとどいた。先生から直接お手紙をいただいて、胸をときめかした私は、とるものもとりあえず読ましていただくと、今度、生長の家で東京の郊外にベッドが二百もある病院を買い、そこで、無痛分娩産院を開きたいから、その院長としてこないか、というお手紙なのである。私はビックリした。何の経歴もない、まだ三十七歳の一書生医者の私を、そんな大病院の院長に、全国の生長の家の信徒は多い、その中に立派な医者もたくさんあろうに、この私を、と思うと感激でただ御手紙を伏し拝んだ。

しかし、私は三日間お返事を出さなかった。妻は「いつも決断の早いあなたが、しかも谷口先生からこんなお手紙をいただいていながら、どうしたのですか、あなたらしくもない」と言った。私は別のことを考えていた。私の最も尊敬する谷口先生から、身にあまるお仕事をいただいたのだから、喜んでさしていただきたい、だからこそ考えたのだ。

はたしてこの私が、先生の御期待にそうことができるかどうか、三日三晩考え抜いたあげく、お前は何を愚かなことを考えているのだ、お前がするのならいろいろと困難なこともあろう、しかし神様がなさるお仕事だ、谷口先生がなさるお仕事だ、私は、ただ神様の、谷口先生のおっしゃるとおりにする以外に、何もすることはないのだ、私は自動車で、運転手は神様であり、谷口先生なのだ、自動車のお前はただ命令どおりに動いていればよいのだ、こう私は気づかしていただいた時に、身体全体がスーッと軽くなった。そして、喜んでゆかしていただくという御返事を、谷口先生に差し上げた。

忘れもしない、昭和二十三年の一月、ちょうど谷口先生が四国を御巡講になり、高知へおいでになって、御講習が開催された。その当時、まだ日本が混乱していたので、各地ともに四、五百名の受講生しか集らなかったのに、高知は千名を突破して、先生にとてもお喜びいただいた。高知の御講習終了後、私は初めて先生のお伴をして、徳島、小豆島《しょうどしま》、福山などの御講習をうけながら東京についた。そして、空襲でほとんど焼けてしまっている東京で、私立の病院としては、当時一番大きいのではないかと思われるいまの飛田給道場についた。

五千坪の敷地の中の千数百坪の建物には人一人おらず、ガランとしていた。副院長に決っていた、栗原得二氏と二人で、産院の許可を得るために、すぐ行動を開始したのだが、簡単であるべきその許可が、どうしてもとることができない。産院でいけなければ、病院でもというのだが、それも許可にならない。私は、いらいらして、どうして許可しないのかと、するどくつっこむと、都の係の方では、アメリカの進駐軍が許可しないからだという。

よし、それではと、私は直接、進駐軍の係のところへのりこんで行って、どうして許可しないかと尋ねると、宗教が何のために病院を開くのかという。私は、生長の家の無痛分娩を説明し、あわせて人間の病気全体について、心と身体との関係を研究するのだ、と答えた。すると、係の女の軍医は、それはとても金のかかることだから無理だというので、私は金ならいくらでもある、と答えると、妙な顔をしている。私は、神の仕事をするのだから、神の無限供給を信じているので、そう答えたのだが、相手にはわからなかったらしい。

そして、なお、それはとても難しい仕事で、アメリカでもなかなかできない仕事だから、日本ではとてもできないことだ、という。そこで私は、アメリカでできないからこそ、日本人がやるのだ、と答えると明らかに不快な顔をしていた。私は別に大きなことをいったとも思っていないし、無茶をいったとも思っていないのであって、生長の家は宇宙の根本真理を説いているのだから、その教えから出た医学であれば、一切のことは解決できるという確信を持っていたから、自然に口に出たまでのことである。それいらい、どんなに交渉しても病院も産院も許可にならなかった。

この病院が許可にならなかった、ということの責任は私にあるのであって、後で反省してみると、私の潜在意識の中に明らかに、もう医者であるより、生長の家の真理を伝える人間でありたいという想いがあったのであった。私は医学に生長の家を利用することではあきたらず、生長の家の真理が行ぜられたら医学は自然に完成する、とその当時から考えていた。

「光明生活実践会」を開く

ともかく、大きい建物をそのまま遊ばしておくわけにもゆかず、とてもよごれていたので、東京青年会に、米とフトンと、それに宿泊の実費をもって集まれ、そうすれば、朝は五時から、谷口先生と時間をあわせて、神想観をし、聖経を読み、その後、よごれたところを清掃して貰い、それから各自職場へ働きに行って、夜は帰ってきたら、私が真理の話をしよう、といって呼びかけた。この混乱している時に、米やフトン、それに実費まで払って、掃除にくる青年がいるものか、と注意されたが、私は砂糖のあるところ蟻が集まると同じように、真理が説かれ、真理が行じられるところ、必ず人は集まる、と確信していると、ちょうど十四名、しかも男が七名、女が七名集まって、一週間の行事を無事終り、青年たちは来た時と違って、心から明るくなって帰って行った。これを「光明生活実践会」といって、これが今の練成会の基礎をなすものである。その会が、今度は青年たちの要望によって、もう一度行われ、その成功に自信を得た私が、全国の青年たちに呼びかけて、第一回の練成会「光明実践練成会」を行なったのは、昭和二十三年の五月で、二週間道場に合宿して訓練を受けるのであって、米はもちろん、その当時は全員に自分のフトンを持参して貰った。

そんなことで集まるだろうか、とずいぶん心配してくれた人が多かったが、飛田給の私を中心とした、栗原、嘉村、村田、川邊などの職員は、確信に満ちて祈り続けた。一切は自心の展開と教えられている我々は、既に練成会員があふれていることを心に描き、ただみ教えのすばらしさを信じ、神に一切をゆだねた。第一回の練成から四回までは、青年幹部の養成を目的として出発したので、四十歳以上の人が来ると、オブザーバーとして入所を許可したものである。ともかくも、その第一回に約八十名の青年が集まったので職員一同ただ喜びにあふれた。

練成会といっても、別に何をしようと計画をしてあったわけではなく、今から考えてみると、実にのんびりしたもので、講話のできる本部講師は、私一人という陣容であった。

私が決めたのは谷口先生が神想観をされる朝五時十分からと、夜の八時三十分からと一同一緒に神想観をすること、聖経を一緒に読誦すること、お互いに合掌して「有難うございます」と礼拝し合うこと（まだ当時の生長の家の信徒の間には、合掌の挨拶は徹底していなかった）、それに気合いの練習をすること、午後は街頭伝道に出ること、その程度のことであった。午前の神想観、聖経の読誦、講話、気合いの練習、夜の講話と私一人で全部しなければならない状態で、練成会員と寝食を共にし、ただ、意気と熱でやりとげた、としか考えられない。まったく神業である。

真理の実践と青年の養成

段々と今のような、すばらしい練成会形式ができあがってきたのは、それには多くの人々の建言にもよるが、根本的な問題は、必ず谷口先生にお尋ねして、先生の御指示にしたがって行なってきたからなのである。とにかく二週間の練成が、無事に終った第一回の練成会員は「光明実践委員」というバッジを胸に（当時は練成を全期受けた者には全部わたすこととなっていた）、生長の家の神より選ばれた、霊の選士としての情熱に燃えて、全国に帰って行った。そして全国各地における彼等の活躍は、目覚しかった。彼等は、二週間の間生活することによって浸みこんだ生長の家のみ教えを、合掌しながら、勇敢に実践した。

その青年幹部練成会が、四回まで続いた時、谷口先生の追放問題が起り、九月から「祈りの会」という名称となり、そして、その後再び練成会となって、青年に限らず、一般の人々が参加されるようになった。しかし、練成会は現在でも青年が主体であるのは、最初の出発が青年幹部の養成を目的としたのでそうなったと思われるが、これも神の御心の現われと信じている。

練成会は、まず第一に職員が、練成に来られる人々の神性を、徹底的に礼拝する行《ぎょう》から始まるので、現象の世界でいかなる過去を持った方が来られても、その現象を見ず、神の子として礼拝するのである。練成会の始められた当時、練成の始まる前に職員の会議を何回も開いて、我々職員が練成においでになる方々の実相をどの程度拝むことができるか、ということが、練成会の成果を決定するものであるから、ということを繰り返し繰り返し、お互いに話し合ったものであった。この実相礼拝行こそ、谷口先生のみ教えの根本の「神の子・人間」観を行に現わしたものと、私は確信していたからである。

つぎに、練成会の基礎になっているのは、「神に感謝しても、父母に感謝し得ない者は神の心にかなわぬ」という神示の御言葉を中心として話をすすめ、練成をうけている中に、親に感謝したくなるように、導くことにしたことである。『生命の實相』に説かれているとおり、子は本来、親を愛しているのであって、その本来ある親への愛を出していないと、子としては一番苦しいのであって、それを本来の姿にかえすと、忽然として結核、近視、乱視、蓄膿、酒乱、乱費等ほとんどすべての病、また性格が変ってゆくのである。戦後特にひどかったヒロポン中毒なども、どんどん消えて行った。そして、練成を受けて救われる事実が、次から次へと評判を生んで、別に大して宣伝もしないのに、練成道場はますます栄えて行った。

結論的にいうと、練成会は、生長の家の教えを実践する場であって、研究するところではない。『生命の實相』に説かれていることを、そのまま実行に移す場所なのであって、今のような形態ができるまでには、谷口先生、御奥様から、いろいろと御指示をいただいて、それが一つの練成形式をつくりあげたのである。

〝合宿生活〟による伝道

昭和二十六年には、尾道で練成が始まり、昭和二十九年に尾道を中止して、現在の宇治の練成道場が発足し、飛田給とは別に、献労による練成が始められ、また昭和三十二年には長崎で練成が始められた。そして又、昭和三十年には、ブラジルにも練成道場が建設された。このようにして、文書、講演による伝道の外に、合宿生活による伝道、すなわち練成会が、生長の家の伝道方法の一つとして加えられたのである。練成道場の更に大きい一つの使命は、青年幹部の養成であって、この練成会によって多くの青年幹部が養成され、日本の光明化運動のみならず、アメリカへ行って活躍している青年、更にブラジルからは毎年青年が派遣されてくる現状である。また長期練成員として、一年あるいは二年、三年と道場で練成された青年の中から、多くの青年幹部が養成されている。将来も、各県から推薦された優秀な青年たちがここでたくさん練成されてゆくことと思う。生長の家は、「生活に生きる宗教」と、谷口先生が説いておられるように、真理を行ずることが目的であるので、練成道場で生活すること、そのことによって、真理を根本的に把握することができるのである。

第一回の練成会の一日（昭和二十三年五月二十九日）、谷口雅春先生、御奥様、谷口清超先生が始めて飛田給の練成においでになられたので、道場の記念日は、五月二十九日になっているが、その第一回の谷口雅春先生の御講話が、また練成道場の根本方針となっている。先生は、その時、三つの青年のあり方についてお説きになった。

一、常に、明るく、楽しく、嬉しい生活。
一、雄渾な夢を描け。

一、神に全托せよ。

この三つの御教訓は、すでに十年の間「練成道場訓」として、ことあるごとに問題を処理する根本方針として伝えられてきたが、永遠に伝えられることと信ずる。

また、道場の正面には「神ハ愛也」と、先生にお書きいただいて、道場へくる人がまず最初に、それが見えるようにおいてある。それまで生長の家の横の真理のみに興味を感じていた私が、満州で生死の間をさまよう体験をして、高知に帰り『生命の實相』を読み直して、生長の家の縦の真理、「神の子・人間」にふれ、今までの信仰はニセモノであったことを知り、神の愛にひしひしと胸打たれ、生長の家のみ教えの根本は神の愛を行ずることだ、と悟らしていただいたので、それをそのまま、練成道場の「根本の行」にさしていただきたいと思い、先生にお願いして、お書きいただいたものである。

特に、先生のお伴をさしていただいて、東京へ来る汽車の中で、先生が私一人のために、スターリー・デーリーの例を引かれて、神の愛をじゅんじゅんとお説き下さったのであって、神の愛、先生の愛が、私の魂の中ににじみこんで、私の中にねむっていた本当の愛を、目覚めさしてくださった。そして、それが練成会を導いて行ったのである。

私が練成会をさしていただいて毎回思うことは、練成会をさしていただくことによって一番練成されるのは私なのだ、ということである。目の前にいかなる人々が現われても、その人々を神の子として心の底から拝ましていただくこと、これほど、愛深い峻厳な行はないのであって、常に自分のうちに宿る神の愛が働かなければできないことである。この不断の修練をするべく、私に与えられた場こそ、練成道場なのであって、これによって私の魂はみがかれてゆくのである。十年間の練成の体験によって、「練成会は、生長の家の大神が指導しておられるのである」という確信を、私は得た。

練成道場の職員が、生長の家の大神の御心《みこころ》を、無我になって行ずることのみが、練成を成功させる唯一の道である。

（昭和三十四年発行の『生長の家三十年史』より）

第三章　「飛田給道場」発足当時の想い出

元本部講師　村田圭介

「飛田給《とびたきゅう》」といえば私にとっては青春であり、新生活の出発であり、生長の家の体得をさせられた〝人生の道場〟そのものであった。今日でも「初心忘るべからず」と心に銘している懐かしくも厳しい「心の故郷《ふるさと》」である。

昭和二十三年二月谷口先生が「生長の家無痛分娩産院」の発足を計画されると共に、私はその農園係り職員として三月四日、宮崎県の片田舎から赴任した。現在の飛田給練成道場は、実はこの産院が当時の進駐軍総司令部で許可にならなかったので、胎児を無痛分娩さすよりは、青年および成年を〝神の子〟として出産させる方向に転じたものである。私は独身二十八歳であった。徳久克己博士（院長）自ら玄関に出て来られ、院長室に連れて行かれたが、最初その人を院長とは夢にも思わなかった。そのうち、偉そうな年配の院長が入って来るかと待っていたが中々その若い案内人が去らない。「君に逢って僕は安心したよ」とニコニコ笑うその人を眺めて、「一寸お伺いしますが先生は院長先生ですか?」と聞いた。「そうだよ僕が徳久だ。誰だと思っていたんだ?」と返事されて赤くなったり驚いたりしたものである。院長室の壁には——

「尊師谷口雅春先生のみ教えを全世界に宣布する　徳久克己」

と書かれて居り、更に——

一、神想観の実修
一、聖経聖典の読誦
一、感謝行の実行
　日々行ずる事を誓う。

と大書した紙が貼られてあった。

翌日から四時四十五分起床。五時から院長の放送で各自の部屋で神想観を実修した。その頃「天津祝詞《あまつのりと》」を称えてから招神歌を唱えたと思う。終って職員総出で、廊下や各部屋をデッキブラシで磨いた。院長も副院長も事務長も婦長も専用のブラシ、ぞうきんがあって院長以下全員元気よく掃除をした。院長が「この産院は世間の産院と違って、あくまで谷口先生のみ教えを実践するところの道場である」と言って、掃除でも風呂焚きでも何でも院長自ら実行の範を示した。「金を貰うためにとか、生長の家の先生になるためになどというつもりで来ている者は即刻辞めて貰う。全国に希望者は沢山いるのだから、ただ神に仕え、地位も名誉も望まぬ、真に神と人に奉仕して、しかも感謝と喜びの持てる人に居て貰う」と初めから宣告された。

職員は眼鏡をはずし、煙草をやめ、酒を飲まず、実に清浄清潔な信仰を抱き生活を実践した。一ヵ月経って事務室から私に「一金九百円也」のお手当を渡された時、ああお手当がいただけるのか……そんなものが要るのかなあと戸惑った感を記憶している。むしろ「申し訳ない」気がした。ただ生活させていただくだけで喜びであった。

農園の方はちゃんとした農園ではないが、植木あり、花畑あり野菜畑あり、それににわとり、あひる、やぎを飼った。産院の自給自足が理想であったが少しでも足しになればという外に私達の重大な念願があった。尊師谷口雅春先生に最も新鮮なお野菜と卵を食べていただきたい、そしてその余のものを産院が食べさせていただく……という事であった。農園に出来たお初のものはその念願のしるしとして必ずまず先生にお届け申し上げげた。後になって先生のお宅からの、望みもしないものをもって来ないようにとのお達しから、近頃では果物の初物とホーレン草とをお届けするようになったが、その根本精神には変りがなかった。私は川邊勇さんと二人で農園に働いたが、徳久院長の要望で、谷口先生の「月給取り気分の百姓はなりたたない」と言われた月給取りでない農人を目指して勉めた。

この農園一木一草といえども谷口先生から拝借しているのだ。大事に愛念を籠めてお預りしようということであった。ところがある時、畑の整理上相当な樹を切り除いた。谷口先生がお見えになって庭園をごらんになられたら、先生はちゃんと樹木の在りかを御存知になっていて、「ここの樹はどうした?」とお尋ねになったのである。切り除いた事を知られた先生は御自分の手足でも切り除かれて痛いというような表情で「それは惜しい事をした……」とおっしゃった。徳久院長は「これからそういう場合は先生によくお伺いしてから致します。これは私の責任です」と先生に謝《あやま》って居られた。私達二人は穴にでも入りたい気持であった。一所懸命といっても智慧なき愛なき一途《いちず》さは本当の正しさでもなく信仰でもないと反省させられた。

或る時、徳久院長自ら剪定《せんてい》を始めた。檜だったと記憶する。「院長、剪定はそうやってするんですか?」と川邊さんが聞いている。「植木屋の小父《おじ》さんも少し怪しいと言っていますよ」と言うと、次の院長の言葉に冷汗三斗の思いをさせられた――

「谷口先生がこうやれとおっしゃったのだよ。僕も、分らないんだ。しかし先生は農業の事も大変おくわしいんだよ。先生のおっしゃる通りただやればいいんだ。」

私達の谷口先生は素晴しいと、思うことの出来る喜びに加えて、弟子としての徳久院長が輝いて見えた。私には、神々《こうごう》しくさえ見えた。

谷口先生のお宅に野菜や卵をお届けしたり、色々の用事でお使いに行くときに、谷口先生や、輝子奥様にお会い出来る事もあった。その光栄に道場職員は公平に交替で喜び勇んで参上したものである。そして帰りにはお菓子をいただいたり、職員の皆さんにと当時貴重品のお砂糖や石ケン、タオル等を頂戴した。

個人でいただいた場合でも、徳久院長は勿論他の職員も心から喜び合った。院長は、「乏しきを憂えず、均《ひと》しからざるを憂う」という中国の古諺《こげん》をよく使って、一斥《いっきん》の砂糖でも有効公平に分配された。確かに物乏しくて貧しく不幸になるのではなかった。心が愛に満ちている時は素晴しい智恵が発現して、物の多少に拘らず豊かで美しい生活が実現したのであった。この飛田給の生活は、何時誰に見られても誤りない生長の家の生活の実証であったと思う。

産院の正式発足迄に時を生かし所を生かそうと、徳久博士は青年を集めて「生長の家光明生活実践会」という催しを企画した。院長就任と同時に博士は「生長の家青年部長」となったからであった。理屈を抜きにして生長の家の生活を行じよう。未完成の私達はまず実践によって初めて得るものを得る。『生命の實相』の研究などと谷口先生より上ならばともかく、研究などしていては永遠に得るものは無い、という徳久博士の信念であった。

そうして一つの狙いは、この実践会によって広い産院の建物（約千五百坪）を、最も安く短時間に掃除をすることが可能であろうということであった。実は十人足らずの僅かの人員で広い建物の朝夕の掃除は大きな負担であった。しかし「この時代に今の若い者が果たしてそんな事にそんな実践に集って来るであろうか？」という心配もないではなかったが、院長いな青年部長は断乎と宣言して憚《はばか》らなかった――

「谷口先生のみ教えが本当に素晴しいならば必ず青年は集って来る筈だ。砂糖に蟻が集って来るように、素晴しい真理には素晴しい青年が慕い寄って来る。青年に魅力のないような宗教はつまらない。必ず集って来る」と。

東京青年会に呼びかけた。徳久部長が、一所懸命話もするし共に生活を行じたい、昼は学生は学校に行き、職ある者は勤めに出かけ、夜は座談会、講話、神想観、朝は神想観実修、掃除、といった生活を呼びかけた。集り来った青年は実に十四名、しかも男七名、女七名であった。この中に今本部で活躍して居られる奥田寛さんがいる。徳久部長は「七つは完成（ななつ）」で素晴しい数だ。よくこんなに来て下さったと職員一同涙して感謝の出迎えを玄関でなしたのであった。

共に語り、共に祈り、共に清掃し励ます、文字通り寝食を共にした七日間の実践会は大成功であった。忽《たちま》ち院内は綺麗に掃除せられた。徳久博士の愛国論——終戦当時の満州の実情、中国共産党の実体、日本少年の話は烈々《れつれつ》として青年の血涙《けつるい》を絞った。恋愛、結婚問題の話は真剣な花をさかせた。神想観に始まり神想観に終る生活は素晴しいものであった。青年会員は更に一週間の開催を希望し、続いて第二回の実践会が催されたのである。これが昭和二十三年三月中の事であり、今日の「生長の家神性開発練成会」の先駆をなしている。

この練成会によって多くの青年男女が自分自身に、人生に又すべての事に「希望」と「光明」とを得て帰って行った。それはみ教えの素晴しさであり、み教えの実証であったが、何故人間がこんなに新生（神性）するのであろうか？　それは谷口先生の御言葉を拝借するのがよかろう——

「人が人の弱点に触れることなく愛すると云うことは最大の愛である」「人を愛すると云うことは、人を知ると云うことである。人を知ると云うことは彼を助け、癒すことが出来ると云うことである。かようにして神は、愛を通してその癒す力を働かせ給う」

「……真の宗教なりや否やの最後のテストは、彼が愛に満たされた魂を有っているかどうかの問題である。」（『愛は刑よりも強し』）

飛田給練成道場の玄関には、徳久博士が特に谷口雅春先生にお願いして書いていただいた額が立っている。「神は愛也」の額である。これは今日に至る迄、否、永遠に練成道場のモットーであろう。開設された宇治修練道場にも立てられているし、長崎の練成道場にも立てられる筈である。

飛田給と共に、練成と共に私も十年余を過させていただいた。その偽らざる真の私の喜びを茲《ここ》に記録しておかなければならないと思う。それはむしろ神の命令であり、命令せられた私の聖なる義務である。それは――

「彼は寧ろ自分が他を救い得る特権があるなどとは考えるべきではなかったのである。それよりも彼は、自分が『愛』を行じさせて頂くために神から与えられた『愛の対象』であると見るべきであり、その『愛』を行ずる事によって誰が救われるのかと云えば、自分が救われるのである。」（『愛は刑よりも強し』）という実感である。茲にこの記録を赦し給うた大神と尊師谷口雅春先生に感謝を捧げます。

（昭和三十四年発行の『生長の家三十年史』より）

第四章 「練成会」とは如何なるものか

生長の家長老 徳久克己

●「練成会」をなぜ始めたか

練成会をなぜはじめたか、といいますと、『生命の實相』に教えておられる「生長の家の生活法」を実際に行じるためでありました。早朝行事として、神想観を実修し、聖経を読誦して、一日中、感謝の生活をし、伝道を実際にしてみるという生活なのです。

特に、青年を対象としてはじめました。ところが、実際に合宿して「生長の家の生活法」を実践してみますと、驚くほどの奇蹟的な結果が現われてきて、私自身が驚きました。これによって、生長の家の教えが如何に正しいか、ということが実証され、生長の家の生活法を実践すれば、すべての問題が解決されて、人生が一変することがわかりました。「生長の家」は「生活に生きる宗教」として、教えそのものが私たちの生活に、そのまま生かされるところに、すばらしさがあります。

●「神性開発練成会」の名称の由来

「練成会」と私たちは、ふつう言っておりますけれど、昭和二十三年に発足しました時に、谷口雅春先生が「神性開発練成会」と、御命名くださいました。ですから、この練成は「神性」を開発するために行われるのである、ということを、御命名いただいた時に、私は強く感じました。すべての人は「神の子」でありますから、そのままで神性をもって生まれてきているのでありまして、それに気づけば（自覚すれば）出てくるのであります。決して、「悪いもの」を善くしようとするのではなく、既に「神性」をもち、そのままで「すばらしい」のであることを、練成に来られる一人、一人に気がついていただくのが、練成であります。

●「練成会」は〝神の子〟を引き出すところ

「闇の無を証明するものは光のほかに在らざるなり」と聖経『甘露の法雨』のなかに歌われていますように、「光」をともせば「闇」は消えてしまうのでありまして、「神の子」（光）が出てくればあらゆる「迷い」（闇）は消えてしまうものであります。その「神の子」（光）を引き出すのが、神性開発でありますから、「神性開発練成会」は「神の子」（光）を引き出すための練成会でありま す。私たち道場員は、暗い顔をしておいでになった方が、お帰りになる時には明るい顔をして、希望にみちて帰ってゆかれるのをみるのが、一番の喜びであります。どんなに迷っているようにみえる人でも、神性が開発されますと、とても明るく、喜びにみちて、人相まですっかり変わってしまいます。それで生長の家の教えの根本である「人間・神の子」の真理が実証されます。

●俗事を離れて〝心の転換〟をする

「練成会」へ来ますと、とても心が変わり、イロイロの問題が解決する理由の一つに、家庭とか、職場をはなれて、合宿するということがあります。そして、新聞も読まず、テレビも見ないで、神想観をし、聖経を読み、そして、『生命の實相』の講話を聞くという、俗事をはなれた毎日をおくるので、まことに早く、心の転換（観の転換）が行われることになるのです。私が初めて『生命の實相』を読みましたとき、教えを早く自覚し、観の転換をはかろうと思うならば、ラジオも聴かず、新聞も読まず、世間と一時のあいだ縁をきって、『生命の實相』を読みふけるとよい、と教えておられましたのを思い出して、練成会をはじめる時に、それを実行したのでした。それが今までつづいていますが、〝観の転換〟が練成会の目的ですから、それで良いと、私は思っています。

●相互に〝神性〟を拝み出す〝行〟の場

生長の家の教えの根本は、すべての人の〝神性〟を拝み出すことにあります。「悪いもの」を良くしようとするのではありませんが、つい私たちは現象の「悪」をみて、それを良くしようという気持ちになります。練成会は、徹底して練成会にこられた方々の、神性を拝み出す「行」をするところです。お互いに出逢えば、「ありがとうございます」と、相手の神性を礼拝する、その「行」に徹することによって、お互いの神性が発露されます。

「観ずる（心でみる）ものは、現われる」という、「心の法則」がありますので、相手の神性を、心でみて、拝むことによって、相手の神性が現われてくるのです。

昭和二十三年以来、相手の神性を拝むことによって、多くの奇蹟がおこっていますが、それは「神性礼拝」によって、神性が現われてくる実証であります。世界中の人々が、相互に神性を礼拝するようになれば、世界は平和になります。

●家で出来ない〝行〟も、「練成会」では出来る

練成道場で奇蹟がおこるのは、早朝の神想観の実修、聖経読誦、そして感謝行、真理の講話等々で、「生長の家」の真理を行じる結果であります。家庭をはなれて、練成道場で合宿して生活をしますと、家ではナカナカできなかった「行」が、割にやさしくできるのであります。私などでも、家で朝五時十分から神想観をしよう、と思いましても、つい寝すごしてできなかったのですが、練成道場の責任者になりまして、練成にこられる方と一緒に、早朝の神想観、聖経読誦をすることになりましてから、ちっとも難しくなくなりました。

練成会においでになりますと、家にいてはナカナカできない、生長の家の「行」ができますから、短期間にスバラシイ成果が現われてきます。生長の家の教えを頭でわかっているだけで、「行」がともなわない場合は、生長の家の真理の成果があらわれませんので、家に帰ってからも、ぜひ、行じてください。必ずスバラシイ成果が出てきます。

●〝真理〟を説き、行ずるところ

練成会は、人生の縮図のようなもので、その時代におこるイロイロの悩みをもった人びとが来

られます。しかし、時代を越え、国境を越え、年齢を越え、立場を越えて、永遠にかわらない「根本真理」を説いているのが「生長の家」でありますので、生長の家の真理を教えられますと、すっかり悩みがなくなって、本当に喜んで帰られます。それは、「迷い」は聖経『甘露の法雨』に示しておられますように、「真相を知らない」ことを云うのですから、真相、真理、実相がわかりますと、迷いは瞬間に消えてしまうのです。生長の家の練成道場は、生長の家の真理を説き、行ずる場ですので、迷いが消えて救われてゆくのです。

●素晴しい〝真理〟を実証するところ

どんなにオイシイ果実でも、食べてみて、本当にオイシイことがわかるので、食べないうちは本当のオイシサはわかりません。それと同じことで、どんなにすばらしい真理でも、それを実際に実行してみて、はじめて、その本当のすばらしさがわかるのです。

練成道場は、スバラシイ生長の家の真理を実践する場ですから、ここではイロイロの奇蹟がおこります。キリストが「汝は真理を知らざるべからず、真理は汝を自由ならしめん」と云っておられるとおり、本当に知ることは行じることですから、練成道場で生長の家の真理を実践しますと、病いから、争いから、そして不足から、自由になって救われ、奇蹟がおこります。まことにすばらしいことで、生長の家のすばらしい真理を実証するところこそ、練成道場であります。

●「錬」ではなく「練」成会の深い意味

「錬成会」ではなく、「練成会」という名称を谷口雅春先生がつけられ、なお、その上に「神性開発」とつけられたことは、とても意義深いことだといつも思っております。

錬という字は、鍛えるという意味がありますが、練という字は、ねる、という意味であります。最初は、「錬成会」という字をかいて先生におだししましたら、先生は「錬」という字を「練」という字に訂正してくださいました。私は、あまり深く考えもしませんでしたが、練成会をくりかえしおこなっていますうちに、だんだんと、先生が字を訂正されました深い意味がわかってきました。鍛えるという意味のなかには、どうしても、悪いものを善くするという意味が、潜んでいるように考えられます。

生長の家の練成会は「人間は本来神の子である」という根本真理を知ってもらい、すべての人の神性を開発するのが目的で始められたのでありまして、悪い人間を、善くするところではないことを、先生が私たちに示すために訂正されたのだということが、ダンダンわかってきました。

●自分の〝素晴しさ〟に気づくところ

「練成会」にきてみんな良くなってゆくのは、もともと、その人びとがスバラシイからです。もともと悪い人であれば、みがけば磨くほど悪くなるはずですが、磨いてよくなるのは本質がよいからです。ガラスをいくら磨いてもダイアモンドにはならないように、もともと悪い人を磨いてよくなるはずはありません。もともとスバラシイ人であるから、磨けば磨くほどスバラシサが出てくるのです。

しかし、どんなにスバラシイ人でも、自分で勝手にツマラナイ人間だと思っていますと、スバラシサがかくれてしまって、ツマラナイ人間が現われてしまいます。そんな人に「あなたは神の子で、スバラシイのですよ！」と、練成会に来て気がついてもらいますと、本当のスバラシサが出てくるのです。練成会は、「人間は神の子で、みんなスバラシイ！」と、気がついてもらうところです。

●「練成会」は、神が導き給う

「練成会」で多くの人が救われてゆくのは、神想観、そして聖経読誦、先祖供養、祈り合いの神想観、などの〝行〟によるのであります。講話とか個人指導は、練成会にこなくても、聞き、受けることができますが、〝行〟は練成会にくることによって、実践することができるのであります。それに、最も大切なことは、同室になった人びとと話し合うことによって、お互いが救われてゆくのであります。私はいつも、練成会を指導しておられるのは、生長の家の神様であると信じております。いろいろのことがありましても、それによって、よりよくなる、まことに不思議だと思えるようなことの連続であります。神様が導いてくださっているのですから、よくなるのが当り前なのですが、本当にただ感謝あるのみです。来てくださる一人一人が菩薩であって、お互いに磨き、浄め合って、すばらしくなってゆくのです。

●〝総合的行事〟で、〝神性〟が開発される

「練成会」は、講話や個人指導だけで救われるのではなく、イロイロの行事によって、総合的にその人の神の子の実相があらわれて、その人の本来の「すばらしさ」が、現れ出て来るのであります。特に、道場全体の雰囲気が、練成にこられる人びとに大きい影響を与えます。

私はいつも、練成会は生長の家の神様が指導しておられる、と固く信じています。それは、人間の力ではできないような、すばらしい奇蹟が起こるからであります。神想観、聖経の読誦、感

謝行、そして部屋の皆さんの語り合い、規則正しい生活などで、神性が開発されてくるのです。

特に、言葉の創化力によって、「有難うございます」という言葉をお互いにかけあう、そのようなすべてのことが総合されて、もともとスバラシイ〝神性〟が開発されてくるのです。生長の家の説く真理が、本当に正しい真理でありますから奇蹟がおこるのです。

●〝正しい生活〟にかえるチャンス！

人生は、イロイロの問題にぶっつかって、悩んだり、苦しんだりするのですが、また、その悩み苦しみが縁となって、生長の家の真理にふれるのです。私は、病気をして生死の間をくぐりぬけるような苦しみにあって、生長の家の真理にふれました。

ですから、何か問題がおこってきたら、「今までのような生活ではダメだよ、もっと正しい生活にかえりなさい」ということを教えられているのです。それは、カラダのどこかが痛い時には、異常があることを教えてくれているのと同じことです。ですから、苦しみ、悩むことが起こってきた時が、正しい生活にかえるチャンスなのです。

飛田給の練成にこられる方がたも、多くの問題をもってこられますが、それをチャンスとしてすばらしい生活に入り、本当に幸福になられる方が多いのです。

●〝コトバの力〟で〝神性〟を開発する

生長の家では、「コトバの創化力」ということを教えております。これは生長の家の独特のものでありまして、略して「コトバの力」といっておりますが、練成道場へこられた人びとが神性を開発されるのは、「コトバの力」によってであります。お互いに「ありがとうございます」と、合掌礼拝しあうことによりまして、拝む方も、拝まれる方も、共に「コトバの力」がはたらいて、かくれていた「神性」が開発されてくるのであります。講話も、聖経読誦も、実相円満誦行も、「コトバの力」でありまして、「真理のコトバ」によりまして、「神性」が開発されてきます。練成道場で行われている「コトバの力」の実践を、家庭へ帰られても続けていただけば、その家庭は必ず天国のような家庭になります。同じコトバでも、繰り返し唱えれば唱えるほど効果がでてきます。

●〝神の癒し〟が現われるところ

「懺悔の神示」に、「祈りて癒ゆるとも自己の力にあらず、神の力なり。本《もと》を忘るべからず。愛をつくし合い、敬虔を竭《つく》し合い、誠を竭し合い、神を敬すべし」と示されています。

私たちは人のために祈ってあげて、相手が癒されますと、つい「私が祈ってあげたから、治った」と思いがちですが、そうではなく「神の癒し」が現われたのでありまして、私たちは「神」と「相手」とのアンテナになっただけのことなのです。

飛田給の練成道場では、奇蹟的ともいわれる治癒がたくさん現われていますが、これは道場員一同が真剣になって練成に取り組んでいるからです。道場員の「まごころ」が、神に通じるのです。

●すべての人を、心から合掌礼拝する

「愛する」ということの本当の意味を、多くの人は知らないから、多くの問題がおこるのでありま す。私も生長の家を知るまでは、「愛する」ことの本当の意味を知りませんでした。男と女とが、性欲をみたすことが愛することだ、と思っていました。

しかし、「真理」の八巻に「真の愛は相手に宿る神を見出し、それを拝んで引き出すことが出来るのである。愛は浄《きよ》める力をもっている。」と教えておられます。練成会においでになるすべての人びとを「あなたは神の子でございます」と、心から合掌礼拝する行は、道場員たちの真の愛行でありま す。この「愛行」が、どのくらい真剣に行われるか、ということによって、練成会の成果がどのくらい現われるか、ということになります。

（体験集『飛田給』より）

第五章 「練成会」に於ける〝神癒の根本原理〟

生長の家長老 徳久克己

（本稿は、昭和五十八年七月二十九日から三十日、生長の家本部練成道場で開催された「第八回練成会指導者研修会」における講話）

〝神癒〟を学ぶために大切なこと

〝神癒〟について学ぶためにはまず、谷口雅春先生が、どのようにして、生長の家の真理を発見されたかというところを、理解することが最も大切です。神癒、神癒といって、何か特別の事であるように思われますけれど、そうではなく、谷口雅春先生が『生長の家』誌を創刊されると、あちこちで、〝神癒〟が起こってきました。

ではなぜそのようなことが起こってきたかということです。谷口先生が『生長の家』誌を創刊されるとき、先生は病気を治そうと思って、『生長の家』を出されたのではありませんでした。人間をどうしたら幸せにしてあげられるかとお考えになって、自分が幸せになられたから、その気持ちを人に伝えるためにお書きになられたのです。ところが、それを読んだ人の病気が治って、先生ご自身がびっくりされたわけです。初めから、病気治しをしようと思われたことは一度もなかったわけです。そこのところをよく理解しないで、〝神癒〟というと、何か特別の事があるように思ったらいけないので、今日は、その神癒の一番の元――どうして神癒が起こるかということ――をお話したいと思うわけです。これが解らないと、生長の家は本当には解らないのです。

谷口雅春先生の〝お悟り〟

まず、『生命の實相』第二十巻（自伝篇）の一三二頁を開いて下さい。いろいろの経緯がありまして、先生がお悟りを開かれる最後の所です。

《万事は好都合にいったが、家族の健康だけは移転以来、かえって悪くなった。恵美子が麻疹《はしか》をする、麻疹が内攻して肺炎になったと宣告される、わたしの健康が悪くなって死ぬような予感がする、折ふし、保険会社勧誘員が来たので保険に加入しようと思うと、診査医が来て診察して見た結果不健康だからだめだと言う》

谷口先生は生命保険にも入れなかった。それぐらい身体が不健康だったのです。

《妻が瀕死の大腸カタルを患う。どうしてこんな不健康が続くのか自分でも判断がつかなかった。わたしは毎日、わたしの家庭に不幸や病気が絶えない理由について思索を続けていた。三界は唯心の所現である》

ここが大事なのです。皆さんも現象の世界は、唯心の所現であるということはよく知っておられます。生長の家にお入りになると、これを最初に覚えます。

《そこまではわかっていたから、家族たちの病気が心のあらわれであるということは明らかであった。しかし心をいかにすれば自由になしうるかがまだわからなかったのである。心配すればその心配が形にあらわれて病気になる、それは解る。しかし、家族が病気になっているのを心配しないでいることはむずかしいのである》

〝心の影〟だということがいくら解っていても、この心をどう支配するかということがわからなかったら、それを知ることが、かえって苦しみの種になるということを先生はお書きになっておられるのです。吾々が練成会をしても横の真理ばかり言っていると、聞いた人は、かえってくたびれて帰るわけで、私も最初、これだけを教えられたときは、生長の家をやめようと思ったことが、何遍もありました。普通、病気になるのは、黴菌が入りこんだのだから、黴菌が悪いと思いますね。ところが横の真理からみれば、病気になるのは〝心の影〟でしょう。自動車にぶつかってもこちらの〝心の影〟なのです。向こうが悪いと思ったら心が楽になるのに、火事に遭うのは〝心の影〟ですし、災害にあうのも、そこに行ったからいけないということになる。そうなると自分が苦しくなります。

ですから、生長の家の練成道場でそれだけを教えていたら大変なことになります。それで人を救ったと思っていたら、かえって相手を苦しませてしまうということになりかねません。私もこれを知らなかったから、最初はこればかりを言っていました。精神分析の方面でも〝心の影〟ということを言っていて、心が変われば運命が変わると言っているわけですから、そこで止まっていてはいけないのです。先生がそれを詳しく書いておられます。

《腹を立てればそれの乱れたる精神波動が形の世界にあらわれて自分の身体が虚弱となり、家族に病気が起こる、それは解る。しかし、会社などにつとめて、上役から無理な命令を圧迫的に受けたとき、それに対して憤りの念を起こさないことはむずかしいのである》

腹を立てないことは出来ないというのです。

《心が一切現象の源であると知るとき、その心が思うように支配せられたならばなんでもないが、その心が思うように支配されない時には、心そのものがかえって恐怖の原因となるのである》

ここを吾々はよく知っておかなければなりません。心がすべての原因であることがわかっても、その心を支配できなかったら、心そのものがかえって恐怖の原因になる。心配してはいけないと思っても心配してしまうのですから。

《悪を思うまいと思えば思うほどかえって悪を思い、心配すまいと思えば思うほど心配し、怒るまいと思えば思うほど腹立たしくなってくる心はこれをいかにしたらよいであろうか。心が悍馬《かんば》よりも扱いにくいものであるならば、その心の扱い方によって人が幸福にも不幸にもなるものとするならば、悍馬を乗りこなすのはよほどの名人でなければならないから、人生を幸福に無病に乗りこなす人も、また数少ないと言わなければならないのである。わたしはそのころはまだ心の悍馬を乗りこなす名人ではなかった。子供が重病だといって会社へ電話がかかると顔色が真っ青になって、会社を早引きしての帰るさ、電車の中でブルブルと戦《ふる》えている方の人であった》

先生は非常に愛の深い方なのです。皆さんも、子供が病気になって「心の影だから放っておけ」なんて言ってはいられないでしょう。そうはいかないのです。

心・仏・衆生三無差別

《心と仏と衆生とこの三つが無差別《むしゃべつ》であって、一心転じて仏ともなり衆生ともなり極楽ともなり地獄ともなるならば、結局仏とは常住のものでなくて一つの捉えどころのない現象だと言わなければならないのである》

心がいらいらしたり腹を立てているときは衆生であり、凡人である。ところが心が感謝して

「ありがたいなあ」と言っているときは仏様である。そういう仏というものは、心がありがたいと感じたその一つの〝心の現れとしての仏〟〝心の状態の現れ〟に過ぎないのです。そういう仏様が仏だと思っていたら、心が腹を立てたらすぐどこかへ行ってしまう。そういうものが、仏だと思っている世界では、幸せになれないのですから、練成会でも気を付けなくてはならないのです。『無門関』の第一則に「趙州狗子」というのがあります。あの中に、「仏に逢うては仏を殺し」というくだりがありますが、仏を殺してしまえば何が残るかと思うでしょう。ですから、いいかげんなものを摑んでいたら、本物はわからないということです。

『甘露の法雨』に「『心』に健康を思えば健康を生じ、『心』に病を思えば病を生ず」とありますが、谷口先生が『甘露の法雨』についてご講義されている中で、「心に健康を思ったときにあらわれる健康は本物ではないのではないでしょうか」という質問が出ています。この質問に対して谷口先生は、「そのぐらい深く考えたらそれは本当なのです。それぐらい考えなくてはいけません」とお答えになっています。それを通らないと、本当の幸せを人に与えることはできないわけです。

練成会において、一つの段階として、「ありがとう、ありがとう、と言っていれば、それでいいのだ」と、最初の人はそのように指導してあげていいのですが、そこから段々と引き上げなくてはなりません。十日間とか五日間の練成会で、参加者と一緒に泊まって、その間責任を持つのだったら、そのような現象の世界だけで終始してはいけないわけです。「練成会」は人を預かって、その人たちに生長の家の真理を伝えるところなのですから。私も、「練成会」が始まった最初の頃はそこまでわからなかったから、「心が変わったら運命が変わる」というような話しかしなかったけれど、今から考えてみれば、つくづくあれでは駄目だったなあと思うわけです。

昔、アメリカの光明思想家であるホルナディ博士が谷口先生に会ったとき、ホルナディ博士が谷口雅春先生に「先生はお幾つですか」と聞いたことがあります。先生は「七十歳ですよ」とお答えになったら、博士が「そんなに若い七十歳はない。五十歳だ」と言ってきかないのです。そして、「どうしてそんなに若いのですか」と再び聞きますと、先生はしばらくして、「私は神の永遠の命を生きているから、若いのですよ」といわれました。若いと思っているから、若いのだ、とはおっしゃらなかったのです。ここが違うところなのです。僕らだったら「若いと思っているから若いのだ」と言いたくなるところです。僕はいつも、「私の若く見えるのは、発育が遅れているのだ」と言っていますが。（笑声）

だから、心がありがたいと思っているときに現れる仏だとか、感謝しているときのうまくいっている状態とか、そんなものだけでは本当のものを摑んでいないのですよ。心がどうあろうと、永遠に変わらない生命を吾々は摑んでゆく、そこまでいかなければ本物ではありません。私たちが心・仏・衆生三無差別の世界に住んでいる限り、本当の幸せは得られない、ということを考えて行かなければいけません。

〝物質なし〟〝無より一切を生ず〟

《常住のものではない捉えどころのないところの、仏かと捉えてみれば鬼になったり地獄であったりするような心が神であるならば、わたしは何に頼っていいかがわからないのであった》

ここに書かれてありますように、仏だと思ったら途端に消えてしまう、これが極楽かと思ったらすぐ地獄に変わってしまう、そんなものに、すがりついていたら、自分はどこにいくかわからないと、そこまで考えなければならないのです。

《ホルムスの説くように、神の当体は無相であって、われわれの念に従って仏とも現われ、鬼とも現われ、応現自在のもので、本来常住の相《すがた》がなんにもないならばこれまた頼りにならないものではないだろうか。

わたしは思索を重ね、静思を重ねたけれども安住の境地には達しなかった。

ある日、わたしは静座合掌瞑目して真理の啓示を受けるべく念じていた。わたしはその時、偶然であろうか、神の導きであろうか、仏典の中の「色即是空」という言葉を思い浮かべた。と、どこからともなく声が、大濤《おおなみ》のような低いが幅の広い柔らかで威圧するような声が聞こえてきた。「物質はない！」とその声は言った。で、わたしは「空即是色」という言葉をつづいて思い浮かべた。

と、突然その大濤のような声が答えた。「無よりいっさいを生ず。一切現象は念《こころ》の所現にして本来無。本来無なるがゆえに、無よりいっさいを生ず。有《う》よりいっさいを生ずと迷うがゆえに、有に執して苦しむのだ。有に執せざれば自由自在だ。供給無限、五つのパンを五千人に分かちてなお余り、『無』より百千億万を引き出してなお余る。現象界は念《ねん》のレンズによって転現せる化城《けじょう》にすぎない。かしこに転現すると見ゆれどもかしこに無し。ここに転現すると見ゆれどもここに無し。知れ、一切現象無し。なんじの肉体も無し。」》

「無より一切を生ず」――これは大変な言葉なのです。これが無限供給の根本的な原理です。ここから、生長の家が始まっているわけです。この「現象無し」、「肉体無し」ということが、まずわからないと、神癒もへったくれもありませんね。しかも「有る」とか「無い」とかというものを、通り越したものでなくてはいけないのです。

これが逆に、有るところから何でも出て来るとか、金持ちでなければ金持ちになれないと思ったら、貧乏人は永遠に貧乏人です。今、会社の社長になっていられるような方たちでも、初めから金持ちの人はいないのです。

私は生長の家に入ったときは三十歳で、これから世の中へ出て行こうとしたときでしたから、お金もないし、コネもない、何もない。その時に谷口先生が書いておられたことには、「物があって、仕事が出来るのではない。人や物や金があって、仕事ができるのではない。本当に仕事をしようとすれば、人や金や物はあとからついて来る」とあったのです。私は嬉しかった。これが僕の人生を変えてくれたのです。

親から金を貰うことも出来ないし、自分の一生は、これからどうしたらよいだろうか。病院を建てようにも金はないし、と思っていた私が、それからは非常に勇気を得て、問題が起こってきても、「本当に神様が必要とするものであれば、必ず与えられる」という信念を持つことができました。例えば、練成道場でもよく「人が足りない」といいますが、それは「いない」と思っているからいないのです。私は生長の家に入ってから、今までにいろんな事をやってきたけれど、必要なものは必ず与えて下さる。神が必要とするものなら、必ず与えられるという信念を持っています。それから、終戦直後には満州で面白い仕事をして「無より一切を生ずる」体験をしたことがあります。

当時は多くの日本人が、国境地帯から歩いて引き上げて来ていました。皆、栄養不良になり発疹チフスが流行《はや》ったために、ばたばた倒れていったのです。そんな時は医者が診てあげたらいいのですが、金のない人たちが相手ですから、無料病院を造りたいと思うけれど、場所が無いわけです。ある時近所で医師会の会合がありまして、そこへ初めて出ましたら、医者が十人ぐらい集まっていて、中共軍が提供してくれた、小学校の建物を病院にしようと相談しているのです。その会合に出席している医者の中では、私が一番若くて、他には年寄りの立派な医者がいるのに「誰か院長になってくださらないか」と言っているばかりで、いつまでたっても話がまとまらなかったのです。「もうやめようか」という話になりそうなときに、誰かが、「病院がないとみんなが困る。徳久さん、何とかしてくれませんか」というから、「病院をつくればいいのでしょう。やりましょう」といいますと、「何日かかりますか」というので「三日あればいいでしょう」といったら、むこうは目をまわして驚いていました。

病院を始める、といっても大したことはありませんでした。私の所に若い者がごろごろしていたので、「馬車を借りてきて、畳を貰ってこい」というと、あちこちから畳をもって来て、広い建物の中に一日で敷いてしまいました。ストーブもこしらえて、三日目にはもう病院の形ができて、患者も入れてしまったわけです。ただ畳を敷いただけでも、患者が入れば、しかたがないから、医者が来て病院になったのです。そうしてその病院で、何百何千人という人が救われていきました。とても楽しかったですね。

病院をやっていますと、多いときは一日に六百人や七百人も来ましたし、職員だけでも三十人から四十人いるわけですが、ある日、炊事の責任者が「米が無くなりました。今晩と明日の朝の分だけで、昼の分の米が無い」というのです。そんな時は一所懸命祈りました。すると次の日の朝、以前、運転手をしていた韓国人で、戦争で行方が分からなくなっていた男が、ひょっこり訪ねてきました。「おまえ何をやっているのか」と尋ねると「米屋をやっています」というのです。それが米を持っていた。(笑声)「金はないが、明日の午前中に持ってきてくれないか」と言うと、「はいっ」といって、ちゃんと持ってきてくれました。だから、形や形式にこだわっては駄目だと思うのです。皆さん、何も無いところから何んでも出て来るのですよ。条件をつけるから出来ないのです。

飛田給の練成道場を始めたときでも、廊下を歩くと床板がふるいので、とげがささったり、汚いのをどうして掃除しようかと思っていたときに始めたのです。その頃、奥田寛講師(編集注・

現在、富士河口湖練成道場総務）が東京の青年会の会長をしていて、僕が朝晩神想観をして話もする、昼間は仕事にいきなさい、昼間あいている人はここを掃除してくれ、という風に呼びかけてもらったのです。するとみんなが米を持って働きに来ました。男性が七人と女性が七人で、合計十四人きました。「七つは完成の数字だから、これは将来素晴しくなる」と皆で抱き合って喜びました。それが練成会のはじまりで、「光明生活実践会」といいました。

この建物（現在の飛田給の円形建物）を建てられるときも、谷口先生はいとも簡単に、蓋《ふた》のあるお茶碗を持ってきて「円《まる》いのを建てればいいではないか」といわれまして、蓋を少し横にずらして「こういうのを建てればいい」と言われて、まことに簡単なのです。無からこのように立派な道場が建っちゃったのです。「物質はない」ということと、「無より一切を生ず」ということの二つから生長の家は始まったのです。

〝実相〟とは〝神〟である

《では、心はあるであろうかと思うと、その瞬間、「心もない！」とその声は言うのだった。今まで、わたしは「心」という得体《えたい》の知れない悍馬があって、それを乗りこなすのに骨が折れると思っていたのだ。ところが「心もない！」という宣言によって、わたしは、その「心」の悍馬か

ら実相の大地に降りたのであった》

皆さん三界唯心所現のその心はないのです。「神の『心』動き出でてコトバとなれば一切の現象展開して万物成る」というのは、神様の心です。人間の心の現れという場合には迷いの心も入っていて、これは本来無いものです。

次いで先生は「心もなければ何も無いのか」と質問されました。そうすると「実相がある」ということが出てきたわけです。

《「無のスガタが実相であるか。皆空《かいくう》が実相であるか」とわたしは尋ねた。

「無のスガタが実相ではない。皆空が実相ではない。皆空なのは現象である。五蘊《うん》が皆空であるのだ。色受想行識ことごとく空である！」

「空と無とは異なるのではないか」とわたしはたずねた。

「空と無と異なるとは思うな。五蘊皆空であるのに空とは無ではないと思うから躓《つまず》く。空を無とは異なると思い、『無ではない』と思うからまた『五蘊は無いではない』と引っかかるのだ。『五蘊は無い』とハッキリ断ち切ったところに、実相が出て来るのだ。無いものを無いとしたところ

に、本当にアルモノが出て来るのだ。」》

ここですね、「無いものを無い」としたところに、「本当にある」ものが出て来るということ。これが大事なのです。無いものを有ると思っているのは迷いなのです。

《「では、実相とはなんであるか」とわたしは訊《き》いた。

「実相とは神である。あるものはただ神のみである。神の心と、神の心の顕現のみである。これが実相だ」（中略）それ以来、心、仏、衆生三無差別の心というものが本来無いものであるということがわたしにハッキリわかった。迷う心も無いから、悟って仏になる心もない》

素晴らしいですね、皆さんも生まれてくるまえから、〝永遠の仏〟であるのです。谷口先生が、その後にお書きになっていますね。

《「アブラハムの生まれぬ前《さき》から生き通し」とみずから言ったキリストのみが実在であったのだ。自分もまた、明治二十六年十一月二十二日に母の肉体より誕生したのではなかった。そして、現在の今はじめて悟ったのでもなかったのである。このままで、久遠の昔、そして久遠の今、はじめなき始《はじめ》から仏であった自分であったのだ》

皆さんも「生長の家」に入って初めて仏になったのではないのです。ここがわからないといけません。この考え方がはっきりしないと練成会にきた人を差別するのです。「みんな神の子である」ということも、そこまで解ってこないと練成会は指導できないのです。

この空無という「現象はない」「物質はない」ということが解らないと本当に解らないのです。生長の家はそこから始まっているのですから、そこを通らないで「物質はある」という思いを残しておいて、「実相」を知ろうと思ってもわからない。無いものを無いとしなければ「実相」が解らないのです。これを教えて行かなければなりません。

『生命の實相』の第一巻を開いてください。総説篇の三頁です。これからが〝神癒〟になってくるわけです。先生は吾々にやさしく説いて下さり、最初に書いて下さっています。

「生命の実相の自性円満」と書いてあるそのふりがなを見てください。「そのままでえんまんなこと」と書いてありますね。皆さんの「生命の実相」はそのままで円満なのですから、生長の家に来てから円満になったのでもありません。皆さんが生まれる前から円満なのです。「自分で気が付いて自覚すれば、大生命――神の癒す力が働いて、メタフィジカル・ヒーリング（神癒）となります」とある。一番先に〝神癒〟ということが出てきているのです。吾々が「神の癒し」をするためにはどうしたらよいかというと、〝神癒〟とは、生命の実相のそのままで円満なことに気が付いたら神様の力が働いて神癒となりますから、皆さんが気が付けばいいのです。これを気付かすのが練成会の神癒です。

キリストは、いまだかつて「あなたはいつから悪いか」と聞いた人は一人もありません。大病を病んでいる人に対しても「汝浄まれ」と言うと、一遍に浄まっている。宗教家のすることは、医者のすることではないのです。けれど、聞いてあげないと、相手が納得しないから聞く場合がありますが、聞かなくてもいい。心配ないのです。そのままでいいのです。

一番大事なことは、生命の本当の相《すがた》がそのまま円満なことを、自覚させるのが、私たちの仕事だということを覚えておけばいいわけです。朝から晩まで「あなたは神の子ですよ。素晴らしいのですよ」と、うんと言ってあげるとよいのです。ちょっとしたことですが、気付かすために、「言葉の力」を使うのです。どんどん良いことを言って悪いことを言わない。これが根本的な、大事なことであります。要は「肉体はない。物質はない。現象はない」ことを、本当に解らせるということです。

初めての人にはやさしい話もしますが、それだけではいけません。相手がわからないだろうと思うことが、もう相手を神の子と思っていない証拠であります。私はこのことをつくづく思いました。相手にわからそう、わからそうと話している間は、いくらやってもこちらがくたびれます。僕の話が皆さんの上をすーっと通ってしまうのです。相手を神の子だと思っていれば、わかろうがわかるまいがどうでもいいのです。現象の知恵で解るような事を言うのは、学校で教えることと同じ事になってしまいます。神の子というのは頭でわかるものでもないのです。物質がないってわかるのは理屈ではないのです。

〝無〟は関門なり。通るべし

私が『生命の實相』を読みはじめて一番わからなかったことは、「物質はない、現象はない、肉体はない、罪はない、病気が無い」という「無い」ということでした。生長の家に入って、皆さんも一番わからないところではないかと思うのです。ですから私は、「無い」というところは皆、飛ばして読んでいきました。ところが、第二十巻にきたときに「無い」というところから、生長の家が始まっているということがわかりました。そして『無門關解釋』を読んだら、「無は関門なり。通るべし」と書いてあった。それで救われたのです。無は関所なのです。『無門關解釋』の二二頁に次のように説かれています。

《そこで吾々は此の「無」の関所を透過しなければならぬのである。関所であるから、関所に引っかかっているものでは駄目である。師はない、恩はない、君《きみ》はない、忠義もない、親もない、孝もない——その「無い」に止《とどま》っているものは「無」の関所を透過したものではない——斯う云う「虚無」に引っかかっている者を虚無主義《ニヒリズム》と云う。それは「無」のところに引掛《ひっかか》り「無」に低徊しているものであって、「無」を透得過した者ではない。「無」は真理に到る関門であって、真理そのものではない》

このお言葉で、私は「無」をとおることができました。そして「無」に引っかかっているとどうなるか。

《ところが「無」を通過し切らないで「無」に引かかっていると、大変な間違いを生ずることがある。「谷口先生は物質無し、肉体無しと説いているが、それなら谷口先生は何を食べて生きているか。飯も湯水もどんな物質も食べずに半年位私の眼の前で生きていることを見せてくれたら、お前の云うことは信じよう」と云うような手紙を頂いたことがある。これは「無」に引掛って、百八十度回転して、今迄食うているものを逆に食わなくなったことを想像しての質問である》

こういう無になってはいけない。僕の体験を話しましょう。僕は医者をしていたのですが『生命の實相』を読んでいても、「無い」ということが全然わからなかった。ところが四十巻の内、二十巻ぐらい読んだ瞬間にぱっとわかった。なぜわかったかというとそれは先生の文章のお力です。病気は無いということが解った、「医者辞めた」とあっさり決めて、すぐに畑をしていた親父の所へ飛んで行った。床の間の前に座布団を二つ並べて、お父さんとお母さんに座ってもらいました。そして、「有難うございます。『生命の實相』を読みましたら、病気はないということがわかりましたから、今日限り医者を辞めます。ありがとうございます」と言ったのです。議論してると負けるからそれだけ言いました。医者であった者が、「病気はない」とわかったから医者を辞める。これが百八十度転換です。

母は「百八十度はだめよ。三百六十度回転しなさいよ」とよく言っていたのですが「何を言うか。元へ戻るなら始めから回らない方がいいではないか」と言っていたものです。そしてまた二十巻を読んだら、「病気はない。だから医者でもよかったのだ」と気が付いた。「病気はない」と気付いて医者を辞めたのが第一段階で、その次に、「病気はないから医者が病気を治すことが出来る、無いから治せる。ああそうだもう一度医者をやろうか」と、また飛んで行って父と母に同じことを二度やりました。

「無」をとおって、またもとの医者に帰ってきたわけです。私は今まで肉体人間を診て「治そう治そう」としている医者だったのが、今度戻ってきたときには、神の子として人間を診る事の出来る医者になりました。同じ医者でありながら、全然中味が違ってしまった訳です。お産でも、今までは難しいものと思っていたところが、『生命の實相』を読んでみて、お産はぽろぽろ出るものだとわかりました。一番驚いたのは、人間は病気をするのが当り前だと思っていましたが、『生命の實相』を読んでから「人間は病気をしないのが当たり前だ」ということに気が付いたわけです。

しかしまだ、その当時でも、死にかかった病人には「病気はない」とはよう言わなかった。皆さんでも練成会に来た人や、個人指導に行ったときに、死にかかった病人を見て、「病気はない」とはっきり言える人があれば大したものです。これがはっきり言えるか、言えないかで全然違うのです。死にかかっている病人をみて、病気はないのだとはっきり言える人は、本当に肉体をみていないのです。「病気はない」と何故言えないかをもう一度よく考えてもらいたいと思います。

「病気はない」と言えないということは、「病気はある」と思っているから言えないのです。谷口雅春先生が無いと言っているのに、弟子が有ると言っていいわけがありません。谷口雅春先生はハッキリ書いておられます。第十五巻の三九頁です。

《……それは実相の悟りに導くためにそう書いてあるだけでありまして、理論がこうだから「物質は無い」と結論するのではありません。理論は、真理の悟りに導く方便として後から造ったものであって、理論より先に「物質は無い」という真理があり、その真理の啓示を解りやすく納得させるために理論を説いているのであります》

理屈が先にあって「無い」のでなく、「無い」という真理があるから、それを皆さんにわからすためにいろんな理屈を後から付けているのだと。

ここがはっきりしたら、皆さんが「病気は無い」と、徹底して先ず信じなくてはいけません。練成道場などでは、これがはっきり言えないと奇蹟は起こりません。私が「病気がない」ということが、まだハッキリわからない時、患者がきてごたごたいうので私は、腹がたってきて「病気はないのだ」と大声で怒鳴ってしまいました。すると、怒鳴られた相手が、びっくりして治ってしまったことがあります。このことがよい経験になって、私は「自分がわからなくても、真理の言葉を言えば相手が治る。谷口先生がおっしゃっているのだからまちがいないのだ」と決めたのです。先生が「無い」と云っておられるのですから、弟子が「無い」と言わなければ、弟子ではないのです。そこまで行かないと生長の家は広まりません。私たちはもっと「無い」を言いましょう。谷口雅春先生のお悟りなのですから、吾々も信じて実行しなければなりません。第十七巻の九三頁にこのようにお説きになっています。

《では「生長の家」の説くところ、つまりその中心思想はなんであるかと言いますと、横に広がる真理は現象界は本来空無であって唯心の所現であるから、心に従って自由自在に貧でも病でも富でも健康でも不幸でも幸福でも現わすことができるということであります》

現象というものが「ある」ならば、心が変わっても現象が変わるはずがないのです。癌の塊があるのだったら、心が変わっても治りっこないし、中風で動かなくなっているならば、心が変わっても動くはずがない。しかし、実際の体験では曲がったのでも伸びるのですから、何もしないのに気持ちが変わって神の子だとわかったらぱっと伸びるのです。これがメタフィジシャン——

神癒治療者です。本来空無であって唯心の所現である。現象は心の影だというのは、現象はないから心の影なのです。「現象は無い」ということと「心の影」というのは一つの真理であるのです。

参加者に〝神の子〟の自覚を与える

《それから縦を貫く真理は、人間本来神の子であり仏子であり、無限の生命、無限の知恵、その他すべての善徳に充ち満たされている。それがわれわれの実相であるというのであります》

練成会にきて、病気の治らない人は、病気がよほど好きだから持って帰るのだと思っています。無いのだから、治るのは当り前なのですから、嫌なら捨てればいいのです。ところが持病だとかいって持っているのです。

個人指導をする人が、今少なくなったのは残念です。もっともっと個人指導をしてもらいたいと思いますね。練成会にきた人みんなに会って、一人ずつに神の子の自覚を与えるようにしてゆけば、練成会に来ることをうんと喜ぶようになるのです。練成会に来た人は、一対一で講師に指導して貰いたいのです。僕は十人くらいまとめておいて、次々とやりましたが、それで救われた人もあります。

個人指導は長くすることはないのです。個人指導を短くやるコツは、「あなたの一番困っている問題を、一つだけ言って下さい」と言って聞いてあげることです。それを治してあげると、ほとんど全部治ります。指導するとき、病気はない、悪はないということをはっきり言ってあげないと、病人は治るような気がしないのです。よく、生長の家にきて、病気が治らなかったという人がありますが、そんな人には「あなたは医者へ行ったら、病気はみな治ると思っていますか」と聞いたらいいのです。医者自身でも病気で死んでいる。肺病の専門の先生が肺病で死んだり、癌の先生が癌で死んだり、実際そうなるのですから、今の医学はまだ完全ではありません。

谷口雅春先生は「病気は始めから治っている」と、はっきりと書いていらっしゃいます。第二巻の三二頁の「神の子たる人間に病気はない」というところです。

《本当のことを申しますと、この本が病気を治すのではありません。神の子たる人間に病気は本来無いのであるから、治すも治さぬもない、本来治っているのであります》

神癒とは、本来治っている相《すがた》を出してくることなのです。現象の肉体に惑わされてはいけません。聖経『続々甘露の法雨』の中に、

《すべての病を癒やす道は
先ず汝の感情を平和ならしむるにあり。
憎みによる心の不調和により生じたる病いは
憎みに代うるに愛を以てすれば癒えん。
不平に伴う心の不調和より生じたる病いは
不平に代うるに感謝をもってすれば癒えん。
悲しみによる心の傷より生じたる病いは
悲しみに代うるに悦びの情《こころ》を起せば癒えん》

とあります。これだけのことで全ての病が癒されるのですね。

《病人は殊更《ことさら》に病気を心より放つべし。
而《しか》して、唯《ただ》愛せよ、唯感謝せよ。
国を愛せよ、

人を愛せよ、
家族を愛せよ。
すべての物と事と人とに感謝せよ。
さらに特に汝の父母に感謝せよ》

であります。親がいないから、親に感謝しなくてもよかろうというのでも駄目です。死んでいても霊があるのですから。僕が宇治にいたときでしたが、六十五歳から喘息になっていて、七十幾つになるという人が練成会に来ました。「父が喘息でした」と言うので、「あなたはお父さんに感謝していないでしょう」と言いますと、「そうです、親不孝ばかりしましたし、お経も誦げたことありません」というのです。「それはお父さんが助けてくれといっているのです。お経を読んであげなさい」といって、聖経を供養したら、喘息が治ってしまいました。

第一巻の一〇〇頁を開いて下さい。「神癒の骨髄となるのは」と書いてあります。神癒の根本原理となることが書いてあります。

《……「真の人間」たる完全なる「神人」を自分において観るとき自己治療が行なわれ、相手

において みるとき他人治療が行なわれるのであります》

練成会では、来られた人、一人一人を神の子として徹底して拝みます。そうしたら奇蹟が起こるのです。心で観ることです。大事なことは、自分が病気になったら、「この病気をどうしようか」ではなく、「本当の私は神の子であって、病気などしたことがないのだ」と気付くことなのです。

谷口先生がよくおっしゃられますが、病気をしながら、病気をしていない自分を見つめることなのです。タバコを吸っていながら、吸わない自分を見つめたら、タバコがいらなくなります。酒を飲んでいる主人を見て、飲まない主人を観つめたらそれが出て来るのです。観たとおり、観ずるとおりのものが現れるのが心の法則です。

「神癒の骨髄」は、真の人間たる「完全な神人」を、自分において「そうだ！」と見たら自分の完全なものがでてくるし、相手において見たら、完全な相手が現れて来るということです。先ず、自分が「完全なる神人だ」とわかったら、相手を拝むことができて、神癒がおこるのです。皆さん、先ず「自分自身が素晴らしい神の生命を生きているのだ」という自覚を深めて、本当に自覚して、それを現して頂きたいと思います。

生長の家の御教えに触れる人たちは皆、高級霊です。谷口先生が、釈迦・キリストのなし得なかったことを為していらっしゃる、世界最高の方なのですから、そういうお方の所に集まって来る皆さんは本当に高級霊なのです。世界最高の先生のお弟子にならせて頂くこと、そのことがすでに波長があっているのですから、皆さんは、「神人」としての自覚をもちましょう。練成会をやって、人を救おうという気持ちになられたことは高級霊中の高級霊です。自信を持って下さい。そこから始まりますから宜しくおねがいいたします。

〝物質なし〟が信仰の基礎

「神癒」、神の癒しというものが行われるためには、先ずその前に生長の家がどのようにして始まって、どこが一番基本であるかを学ぶことが大切で、それは、「物質は無い」ということであるとお話ししました。この素晴らしい真理が、谷口先生に天降ってきたのが生長の家の始まりになったわけです。この「物質はない」ということを通らないと、本当の生長の家はわからないし、神癒もでてこないわけです。

「物質はない」なんて難しいからちょっと横に置いておこうかといって、「笑ったら治る」とか、あの手この手でやっていると、いつの間にか生長の家の教えが崩れて来るわけです。もっと基礎から、一番元からやっていかなければいけないわけです。

例えば野球選手のピッチャーは、投球だけやっていればいいかというとそうではなく、駈け足をやっておかねばならないように、あらゆるスポーツは、駈け足をやって腰をしっかりしておかないといけないと言われています。それと同じように、信仰にも基礎があるわけです。生長の家では「物質は無い」「病気は無い」「肉体は無い、心もない」と、先生がはっきり言っておられるのに、吾々がいつの間にか有るように思ってしまったら、先生の弟子ではないということです。

だから吾々自身が「病気はない」ということを、はっきり認識しなければなりません。「病気はない」ということは、これは一般社会からみれば、まことに非常識なことであります。「病気はない」というと最初の人は皆びっくりするわけですが、そのびっくりするところがいいのです。私はよく、「普通は、『病気はある、貧乏はある、苦労はある』と思っているのに、それを病気はないというのだから、よほど気違いにならないと、生長の家の信者にはなれない」と思いました。

キリスト教のパウロという人がいます。彼はローマ人であり、学者であったわけですが、キリストを徹底的に迫害して、キリストを殺そうとした人です。ところがそのパウロは、キリストの霊に救われて、キリストの熱心な信者になったのです。信者になったパウロに、ある人は、「貴方はあまり博学で、勉強しすぎて気違いになったのではないか」と言いました。そのパウロは、現代のキリスト教をつくったとまで言われている人なのです。学者が「病気はない」ということを信じ、神癒をおこしたのですから、これは素晴らしいことでありまして、結局、病気があると思いながら指導したら駄目なのです。

谷口先生の講習会をお受けして驚いたのは、「人間は、病気をしないのが当たり前で、病気をするのは奇蹟だ」と言われたことです。これは今までの常識ではどうにもならないのです。夫婦でも、仲がいいのが当たり前で、喧嘩するのは奇蹟だということになるわけです。三界は唯心の所現で、自分の心の思った通りになるのですから、「病気をしないのが当り前だ」という信念がかっちり付いてきたら、病気はしなくなるのです。私自身も病気をしなくなりました。医者をしている時は、病気をするのが当たり前だと思っていたから、病気をしていました。

この「病気はない」ということは大変素晴らしい真理なのです。それはどこから来るかといいますと、「物質はない」という真理からです。これが元で、ここから「肉体もない、病気もない、現象もない、心もない」ということがきているのです。「物質がない」ということが、もし解らなかったら、信じたらいいのです。わかろうと思うと大変なのです。考える必要はないので、谷口先生が「ない」といわれるのだからないのだ――これでいいと思います。

母はいつも、「克己、病気はないのだ」と言っていました。ぼくは腹がたって、文句ばかりいっていたら、母は、「おまえがなんといったって駄目だ。おまえより偉い谷口先生が無いといわれるから無いのだ」と。考えて見れば母のような信仰が一番早いのですよ。皆さんもあっさりそうしたらいいのです。病人の所に行って、「谷口先生が病気はないと言われるから無いのだ」と言ったらいいのです。

生長の家の講師なら「先生の言っておられることを信じます」と言っても、恥ずかしいことはないではありませんか。恥ずかしい人は、講師を辞めたらいいのです。教えをひろめて行くのに邪魔になります。根本的な問題は、先生の言われることを信じない人が中心に座ったら、とんでもないことになるということです。

私自身が、最初、「物質はない」、「病気はない」というのが解らなくて苦労して、悩んで悩んでいて、最後は、「谷口先生が無いと言われたから無いのだ」と思い、信じ、それですっとしました。谷口先生が、「物質はない」という真理を神様から受けられたのだから、これは啓示です。いまだかつて「病気はない」と言った人がいないのですから。キリストなどの言動をみていると、そうはっきり言っていないが、奇蹟が起こっているのは、これは神癒です。キリストが話をしているところへ、屋根に穴をあけて、中風の人間を紐で吊したという話があります。医学が発達していないので、キリストは治してくれる人だと思って吊したというわけです。そこでキリストが「汝の罪ゆるされたり!」と言ったら、「おまえには罪を赦す権利がないではないか、神以外にないではないか」と反論してきたわけです。そこでキリストが、「立って帰れ！」というと、中風患者は、歩き出して帰ったと言うのです。

私は、人のために祈るのが慣れない最初の時、祈りながらときどき相手を見たりして、どきどきしていたが、気合いだけでもと思って大声をだして気合を掛けた。向こうは飛び上がってびっくりしてましたが、それで神想観が終ったら、治って帰ったんです。それから私は変わりました。

飛田給では、僕が責任者の頃、鶏や山羊などいろいろ飼っておりました。そのとき、若い人は恥ずかしがって人の為に祈らないので、豚ならできるだろうと思い、豚が病気になると「すぐ行って祈って来い」と言って、豚に向かって祈ったり、聖経を誦げさせたりしておりました。豚や鶏は人間より霊が低いのですから、簡単に治るのです。それで自信が出来たら人間にもというように……。

皆さんも、必ず治るということがわからなかったら、治らなくてももともとだと思いながら祈ったらいいのです。

〝神癒の根本原理〟は「愛」である

練成会に、五日間、必ず続けて来て頂くためには、練成の責任者が連続して、一つの講話をしないと、参加者は途中で帰ってしまいます。講師になって話をするのと、錬成会全体を見るということとは違うのです。素晴らしい講師がきて、ぽつんぽつんと話をしても、一つの講義に過ぎないのです。それと錬成会とは違うのです。

錬成会とは、スケジュールを組んで、五日間続いているわけですから、連続性のない、講演会の続きのようにやったら、あまり長くおらないで途中で帰ってしまうのです。錬成の責任者は、必ず、毎日話すようにしたらいいと思います。私も最初の頃は毎日やっていました。やっていく内に錬成会全体が動きます。そして、錬成を受けている人の心理をよく観察して、とくにさぼっている人を個人指導してあげる。さぼるような人がよくなったら、素晴らしい体験をするのです。それでまた、皆がついて来るというように、錬成会は連続講演会ではないということを知って頂きたいのであります。『新版　幸福を招く365章』の二六〇頁に、このように書かれてあります。

《神癒の根本原理は「愛」である。神は愛であるからである。若し誰かを自分が憎んでいることがあるならば、愛に反することがあるならば、それを今直ちに是正し、憎んでいる人を赦し、愛に反する行為を愛に置きかえることが必要なのである》

皆さんがお祈りをしてあげる前に、病気でも、不調和な問題でも、どんなことを相手が言ってきても、「貴方は誰か憎んでいる人がありませんか」というと、大概の人は「憎んでいる人はいない」という。「憎む」という言葉が嫌いなのです。「では腹を立てている人はありませんか」と聞くと、「ある」と言います。同じようなことなんですが、ここが問題です。「誰かに苦しめられたりいじめられたことありませんか」と聞くと「ある」というのです。最初はそこから聞いていったほうがいいです。潜在意識で憎んでいると、それが神と波長が合わないから、神癒が行われないのです。

続いて谷口先生は、このように書いておられます。

《真理の書を浴びる程読んでも、若し自分の心の中に愛の心が喚起されなかったならば、それはただ真理の外形だけを摑んでいることになるのである。感謝と云うことも、愛をしみじみ感ずるところから湧いて来るので、神の愛を先ず感じ、神の子である人類を先ず愛することから始めよ》

神の愛を先ず感じ、愛が湧いてこないといけないのです。自分は罪を犯したから、神様に憎まれていると思っているうちは、神と離れている心だから、神癒は起こらない。そういう人がよくいらっしゃるのです。

四十歳を過ぎた方で、お子さんが二人もある立派な奥さんが、罪の意識をもっていて、「私は小学校の時、家が貧乏で、隣の子の文房具を盗んだ。ノートを一、二冊ですが盗みました」というのです。それが今でも罪の意識として残っているので、その人はお金が余ったら、貧乏で学校でノート買えない人のために寄付しているというのです。三十数年、心の中で罪の意識として残っていて、結婚も断わったという方もいます。こういう人は正直な素晴らしい人です。むしろ、正しい真面目な人ほど悩むことが多いのです。

また七つぐらいのときに、近所のおじいちゃんが、私を可愛がっていつも遊びにきていた。私の体をさすったり、性器をなでたという。その時は解らなかったが、年をとって考えてみたら、処女膜が破れて、冒されているのではないかという気になってきたというのです。私は「そんなこと心配ない。犬に嘗められたと思えばいいではないか」と言いました。そのように、誰にも打ち明けられない〝罪の意識〟も、聞いてあげると治るのです。こちらが、お父さんお母さんの様な気持ちになって、愛を持って聞いてあげないと、なかなか出てこないのです。自分の心にたまっているものが解放されたら、もとの神性が出て来るのです。

〝すべての不幸と悲惨とは神の所造に非ざるなり〟

神様が病気を造ったのではないのだということを知ることです。神が病気を造ったのなら、病気を治すことは神様に背くことになるのです。神が造らないのだったら、無いのだということを吾々は知ることです。聖経『続々甘露の法雨』の講義テープ（編者注・「大聖師御講義『続々甘露の法雨』」として平成五年八月に出版される）をお聞きしていましたら、

《「或る日、再び天使「生長の家」に来りて歌い給う　汝らよ恐れずに人生の行路を進むべし。恐怖なき者には不幸は決して近づかず、全ての不幸と悲惨とは神の所造に非ざるなり。恐怖なく人生の行路を歩む者には　不幸も俯垂《うなだ》れて避けて通り、病気も帰順の意を表して　その「本来の無」に還帰《げんき》して消滅せん」

この中に『続々甘露の法雨』の根本的なことが書かれております》

とおっしゃっているところがありました。「全ての不幸と悲惨とは神の所造に非ざるなり——これが全てです」ということです。神様が造らない不幸は、あるはずがないということです。全ての病気は、人間の迷いの心の内に描かれている信念の影に過ぎず、実相が出てきたら病気は消えてゆくのです。『続々甘露の法雨』に、

《病気よ、何者ぞ。
汝は「無」の別名に過ぎざるなり。（中略）
されば汝に如何なる症状顕るるとも
病気は本来なし
病気はただ「信念の反影《かげ》」に過ぎずと断定せよ》

と書いてあります。

《生命の実相より観ずれば
病気はただ覚むべき一場の悪夢に過ぎざるなり。

病いを癒やさんとする者は
「人間神の子、病気は非実在なり」と知らざるべからず。
病気を癒やすとは、
畢竟、本来完全なる「神の子・人間」を顕現することに他ならず。
汝ら「人間・神の子」の自覚より
更に進んで「神の子・人間」の自覚に入るべし。
「神の子・人間」には病い無きなり》

先生は最初の頃、「人間・神の子」とおっしゃっておられたのですが、戦後になって、飛田給の練成会が始まってから、「神の子・人間」ということをおっしゃられるようになりました。

私は先生に、「『人間・神の子』というのと『神の子・人間』とちょっと違うのですが、私の解釈でよろしいですか」とお伺いしたら、「よろしい」といわれました。

「人間・神の子」というのは、肉体の人間を通して「神の子」を知るような気がしますが、「神の子・人間」というと、「神様が天降ってきた人間」という強い意味ですね。「神様の天降りとしての人間」という意味で、「神の子・人間」と言ったほうが強いですし、そのほうが吾々にはピンと来るので、いいと思います。私も好きですが、皆さんもこれを覚えておかれるといいと思います。

『続々甘露の法雨』の中に、「物質がみずから進行し得ざるが如く　肉体的病気もみずから進行し得ざるなり」とあります。例えば、人形が動いたとか、人形に癌ができたということは無いでしょう。人形とか銅像とか、そういうものは、病気になるはずがない。生命が無いから、心が無いから、病気にならないわけです。肉体が物質であるならば、物質そのものは銅像と同じであるから、人間の病気もだんだん進行するということはありえないことです。

肉体は、人間の心というものがあって、心が肉体を支配して動いて行くわけです。肉体的病気の進行も、心の力によるものであれば、心の力にて肉体的病気の進行をとどめ、更にその働きを、無にまで粉砕することも出来るというのです。このような強いお言葉があるのですから、『続々甘露の法雨』をしっかりお読みになると、人を指導する強い力が出て来るのです。

神は愛であるから、愛の展開としての世界に、人間に、不幸感を与えるような病気や災難や貧乏が存在しようがないのである。神様がそんなものを造るはずが無いのだ。先ずこれを信ぜよ。信がここに必要である。神様が悪いものを、吾々の不幸をお造りにならないのだということを先ず信ずることです。

神癒への〝根本原則〟

『新版　幸福を招く365章』の二六三頁、「人間の病気は夢である」というところを開いて下さい。

《神癒の根本は神はすべての渾《すべ》てであり、神は霊であり、神は愛であり、神は善であると云うことである。従って霊ならざるものは何一つ存在しないと云うことである。そして「人間は神より出でたる霊的放射である」と云うことである》

『如意自在の生活365章』の五九頁には、全ての総まとめのようなことが書いてありますので、是非お読みになるといいと思います。一回だけでは自分のものにならないですから、繰り返し繰り返し、お読みになるといいです。

この中に「根本的善業」というのがあります。いま皆さんに現れている相《すがた》というのは、過去に積んだ業が現れているわけですから、これから運命をよくしていこうと思ったら、善業を積まなくてはいけません。「根本的なる善業とは？」というところです。

《善き業にもいろいろある。他に金銭を恵むのも善き業であり、真理を伝えるのも善き業である。もっと根本的な善業は、神の善意を信ずることである》

「神様は、絶対、悪いものをお造りにならない」と、根本的に、神を信ずることが最高の善業になるのです。このことを吾々も信じ、人にも教えていく、それが神癒につながっていくことになります。神が病気を造ったという考えを持っていたり、神様が罰を当てるとか、神様が人間を苦しめると思っていては駄目です。今までの信仰が間違っているのは、それがあったからです。『神癒への道』の二〇四頁を開いてください。「メタフィジカル・ムーブメント」つまり物質的な療法とかを施さないで、神癒を起こす原則を要約して掲げてあります。

《一・宇宙の根本実在は霊であるということ。その根拠は次の如き典拠による——

神は霊である（イエス）。神のみあって他のものはないのである（モーゼ）。始めにコトバあり、コトバは神と共にあり、コトバは神なりき、萬のものこれによって造らる（ヨハネ）。色即是空、空即是色（般若心経）等》

宇宙の根本実在は霊である。これを先ず信じることですね。

《二・霊又は空が宇宙の本質であって、それが働いて事物を創造する方法は想念による》

これは『生命の實相』第二十一巻の「『甘露の法雨』講義」の「神」の項に詳しく書いてあります。吾々の住んでいる世界を此世とも言いますね。一般に、神様が全てのものを造ったのだという考えを持っているわけです。キリスト教の人は、今でも神が此世を造ったと普通言います。

谷口先生が『神を審判《さば》く』に書かれておられるように、谷口先生が、一時、無神論になられたのは、これが原因なのです。生長の家の素晴らしさは、一度、無神論を通ってきたことで、いい加減な神様を全部消してきたということです。無いものを無いとしたときに本当の神様が出てきたのです。

神は全ての凡てであって、愛であり、全能である。その神様が此世を造ったのならば、不幸せとか不幸とか、そんなものあるはずがないのに、地震、雷、天変地異とか、此世の中に不幸は、実際にあるではありませんか。神が愛であり全能であるならば、その神が造ったものは完全でなければならないのではないか。もし不幸なる此世があるならば、神様は無い。これが唯物論者の理論の根本なのです。

お釈迦さんもこんな不幸な世の中を造ったのなら、神様はないといって、仏教は無神論なのです。仏教信者の多い日本の人に、神を教えるのが非常にむずかしいのは、そんなわけです。外国へ行くと、絶対神を信じていますから、難しくないのです。此世があるならば神様は無いわけです。神様があるのなら、此世はないわけです。

実際に谷口先生は、不幸がある相をご覧になって、此世が有るのだったら神様は無いのだと神を否定された。そこからまた始まっているのです。そういう時に天降って来たのが「物質はない」という啓示です。「不完全なものを造るような神様はないので、現象世界が無いのだ」と解ったときに、本当の神様を把握されたわけです。ここから生長の家は始まっているのです。

「物質はなく、現象がないのなら何があるか」と先生が尋ねられたら、「実相がある」ということになった。これが『生命の實相』第二十巻に詳しく書かれていますね。『生命の實相』の第二十巻をお読みになると、先生の思想の移り変わりが書いてあるわけです。神様は、直接現象の世界をお造りになったのではなくて、「実相の世界」をお造りになったのです。

実相の世界を英語で訳すときは、非常に難しいのです。リアリティ（真理）と訳しましたら、谷口先生から、「実相とは、形の無い抽象的なものではない」と言われました。それでトゥルー・イメージ――本当のイメージという言葉を頂いたことがあります。『甘露の法雨』の中に書いてあります。

《神の『心』動き出でてコトバとなれば一切の現象展開して万物成る》

これが「実相の世界」だと書いてあります。ですから、この世界に不完全なものは無いはずです。ところが、その「実相の世界」も、吾々の迷いの心をとおして現れるために、完全に映し出されないわけです。

宇宙の根本実在は霊です。「神光あれと言い給いければ光りありき」で、この神様の心動き出でて言葉となったときに「実相の世界」が出来たので、「実相の世界」という言葉を英語に訳す時には、「神によって造られた世界」と訳しておられます。それを本当に理解することが必要です。

吾々の心の中に迷いが無くなれば、これがまっすぐに映って、実相がこの世の中に映し出されて来る。谷口先生は、「現象が有るのでなくて、現象は現れているのだ」とおっしゃるわけです。

「有る」と「現れ」とをはっきり分けてお考えになっておられます。
人は神の子であり、神の本性をわかち持ち、本来、神と一体なわけです。それゆえ、神が世界を造り給うたごとく、吾々自身も世界を造るのである。「神様が造ったと同じように、吾々も世界を造るのだ」となったら、ものが出来て行くのです。「言葉は造り主だ」というのはここです。皆さんが良い言葉を出さないといけないし、言葉が非常に大事になってくるのです。続いて『神癒への道』の二〇五頁です。

《〔一〕実在の本質を心に念ずる——「すべては神であり、霊であり、法則である」と念ずる。
〔二〕人間の神聖な位置を心に確認する——「人間は神の子であり、その生命《いのち》は神より来《きた》り、神の子として、神のもち給うあらゆる力を与えられているのである」と想念する。
〔三〕すべての悪及び消極的状態の存在を心の中から消去する》

私は力が無いから、練成会で指導しても駄目だとかいう消極的な考え方を、全部消してしまって、「神は全てであり、善であり、完全であるから、この世界にいかなる悪も、不幸も、病気も存在しないのである、悪いものを、神様は、一切おつくりになっていないのだ」という本当の信念を持つことから始まってゆくことが大切です。

谷口雅春先生のお話を聞き、吾々の話と先生の話は、どこが違うかということを、私は一所懸命勉強しました。どこにあるかというと、結局、先生の話を聞いていると解放されるのです。あれしたらいかん、これしたらいかんということは一つもないのです。禁止がないのです。こうしたら善くなるという話ばかりなのです。皆さんも話をするときは、気をつけて下さい。

「子どもを堕すことは人殺しで、いかん」というと、それを聞いただけで来なくなる人がありま す。四十歳から五十歳までの人で、堕胎をしていないという人は、今の日本には少ないでしょう。知らないで子どもを堕した方があるかも知れませんが、そういう方にも「その子を祀ってあげれば救われる」と、救われる方を言ってあげるのです。同じことでも、言い方によって大変な差があるのです。

夫婦喧嘩でも、いけないのを承知でやっているのですから。吾々自身が、僕もですが、絶対気をつけて、消極的なことを言わないようにしているのです。プラスのことを言うのです。聞いていて気持ち良くなるような、明るい話をしてゆかねばなりません。自分が人をよくしようと思ったら大変です。「神様が善くしてくださるのだから、生長の家の神が、来た方を救って下さるのだ」ということを、皆さんが言ったらいいのです。

《[四] コトバの力によって、自分の欲するところの事物をすでにあるが如く念ずる——「私は神の子であるから、不完全というものはあり得ようがないのである。神の霊、今自分に流れ入って、悪が存在するという迷いをすでに清め給うたのである」と念ずる。

[五] 祈る時、すでにそれを受けたりと信ぜよ。という法則に従って——「吾が願いはすでにきかれたり」と念ずる。

[六] 最後に感謝の念を起こすのである》

この六つは「神癒の原理」です。

こういう事を教えても、尚きかれないときには、人を赦していない。人を赦していないで、人を憎んでいると、神は愛ですから神と波長が合わないから、うまくいかない。二〇八頁にはこのように書いてあります。

《[二] すべて隠している所の罪悪はそれを告白しなければならない》

闇は光の前へ行かなければ消えないのです。闇をそのままおいておくと、いつまでも闇です。皆さんが個人指導をしてあげるとき、気を付けて頂きたいのは、個人指導をした場合に、その人の秘密を守ってあげないでそれを言いふらすと、「生長の家に行ったら何でもいいふらす」と言われるようになりますから、これはいけません。医者は、患者の秘密を守ることを訓練されているのです。アメリカでは、秘密を漏らすと訴えられます。人の秘密に属することは、本人の許可なしに言わないように、気を付けないといけません。

次に、二〇九頁を見て下さい。

《〔三〕自分の生活をできるだけよき目的に使うこと及び使わしめ給えと確に祈り、それを実行すること》

人間の生きた生活と死んだ生活というのを先生は書いておられます。今日一日、人の役に立っただけが生きた生活で、自分だけの為の生活は死んだ生活だと。又、病気を心に摑んではならないということ。

「練成会」の指導者のために

つぎに、皆さんが個人指導をされるとき、最後に一番大事なことを申し上げたいと思います。

私たちはどうしてもいつのまにか、来ている人を裁いてしまうのです。飛田給練成道場でも、始まった頃は戦後でしたから、いろんな人が来たのです。ヒロポン中毒や、ヤクザだったという人が来まして、言うことをきかないし、ある人は、実相の額をかついで部屋の中に持って行き、ドアを締めて、「この部屋に入る者の生命を保証せず」などと書いたり、そんないたずらをしてました。二百人きますと、その十パーセントの二十人位はごろごろして、練成を受けないで、遊んでいて反抗するのです。

僕が神想観を始めると、アコーデオンを持ってきてブーブーやったりする人がいました。それにいちいち腹立ててもしようがないのですが、それから一週間ほどしてハッと気が付きました。「ああ私は生長の家の本部講師だった」と。谷口先生は、「こちらの思った通りに相手が現れる」と書いておられます。「あの人が悪いのではなく、私があの人を悪いと思ったのが現われたのだ。申し訳なかった」という気になりました。夜、神想観しながら、何遍、涙を流して泣いたか知れません。心の底から涙を流して祈ったら、不思議なことに、その次の日から参加者の様子がすっかり違ってきました。

そういうことをやって、三十数年、練成してきたために、どれだけ自分が練成されたかわかりません。練成することは練成されることです。教えることは教えられることなのです。皆さんが練成をすることによって、どれだけ自分が練成されるかということです。それで私は自信がつきました。

そのことが私自身に、生長の家の信仰を深めさせてくれるし、困った場合は、『生命の實相』を読んで、自分自身をもう一度考え直さないといけませんからね。

旧我の否定と新しき更生

それから思い当たったのは、「悪いものを善くしよう」という考え方を持ってはならないということです。悪いと認めておいて、良くしようとすると、ほとんどよくならないのです。病気だから治してくれといって、よく来ますが、その人は、「病気、病気」と、病気を心で摑んでいながら、健康になりたいというのです。病気が治りたいと思っている人は、「自分が病気だ」と思いながら「健康になりたい」と、心の中で二重に思っているのです。病気だから健康になりたいというのは、「病気」という字の上に「健康」と書いているのです。

谷口先生が『生命の實相』第一巻の終わりに書いていらっしゃるように、病気だと思っている人には、旧我を否定させ、「病気は無いのですよ」と、一遍消させておいて、人間は「本来健康なのですよ」と言う、ということが書いてあります。病気という思いを消して、健康だということを入れるのですから、そうすると非常に違うのです。

『生命の實相』第一巻の一八五頁に「旧我の否定と新しき更生」と書いてありますが、これが神癒の根本になって行くのです。一八六頁の終わりから二行目です。

《われわれが毎日『生長の家』を読んだり「神想観」を実修したりするのは、要するに「旧我《ふるいわれ》」を捨てて「新我《あたらしいわれ》」を摑むことにあるので、本当の「神の子」としての自覚を得るにはぜひともいったん「旧我」を捨ててしまわねばならないのであります。それでメタフィジカル・ヒーリングによって他人の病気を治すにも、ぜひとも「否定」と「肯定」との思念法を用いるのであります。「否定」とは、現在の不完全な病気の状態は偽物《にせもの》であって本物の存在でないと取り消す思念で、「肯定」とは、「本物の自分」は神の子であって、現に今も神の造りたまえる世界――すなわち真実存在の世界に、完全な病気無き相《すがた》で存在すると肯定する思念であります。この思念が徹底し、魂の底の奥の心までこの真理が自覚されれば、それで病気が治るのであります》

吾々自身が、「無いのだ」と消すことですね。『生命の實相』第四巻、八頁の六行目には、

《それで神癒治療者は罪を消す人ともいえれば、相手の神性を開顕する人ともいえるのでありまして、施念者ばかりがいくら力んでみましても、相手に懺悔の心をもって真理を受け入れてくれる心がなければ効果が少ないのであります》

と書かれています。相手の病気を治そうと思ったら、悪いものをよくしようとするのではなく、懺悔の心を起こさせることです。

例えば、「私はタバコが好きだ」と言っていたら治りません。「私は体が弱いから強くしたい」というのは治りません。私自身が、以前は、タバコを一日に七十本吸っていました。やめよう、やめようとどんなにしても止められません。人のせいにしたりしておりました。一度止めてみたけれど、てんぷら食った後のタバコはうまかったなどと思い出して、又吸いだしたりしていました。本を読むと、「タバコは体に悪い」と書いてあることは知っているのです。体に悪いと知っていながら止められないのだから何にもなりません。知っていてやるのは罪が深いのです。

生長の家に入って本を読みますと、「タバコは、人を煙にまく心があるから」と書いてありました。実際にその通りでがっかりしました。そうして余計吸いだしたのです。八十本ぐらい吸うようになりました。そしてある日、『生命の實相』を読んでおりましたら、タバコのいらなくなった体験が書いてありました。以前は飛ばして読んでいたのですが、その日は読む気になりました。止めようという心が動いたのです。不思議なことが書いてありました。

ある人がタバコを止めようとしてもどうしても止まない。そこで『生命の實相』を読んで「私は未だかつてタバコなどは一度もすったことのない人間だ」とハッと気が付いたと。病気をしていても、病気などいまだかつてしたことが無い人間だと気が付くのと同じ事です。そうして、タバコがすぱっといらなくなったと書いてありました。あれは迷いが吸っていたのだと書いてありました。それで私も、今まで、タバコなど吸ったことのない人間だと、はっと気が付いたのです。タバコが好きだという気持ちがすぽっと消えました。そこで神想観をして、感謝して、それきり吸わなくなりました。

谷口先生は、「病気をしながら、したことのない自分を自覚する事だ」と言われています。悪いものをよくしようという考え方はやめてしまうことです。悪いものは無いのだと消していったところに、本当のものが出て来るのです。

先生が満州へおいでになったとき、ガラスのコップをもって、「ここに揚子江の水があるとします。皆さんは水が真黄色に濁っていると言うでしょう。しかし水はいまだかって一遍も濁ったことはないのですよ」と言われました。谷口先生も非科学的なことを言うものだと、びっくりしましたが、こういう説き方が、神癒につながるのです。「どんなに濁っている水でも、蒸留したらそこからきれいな水が出て来るでしょう。水は濁ってはいないのですよ。濁っているのはゴミが濁っているのですよ」と言われるのです。

皆さん、今どんなことが起こっていようとも、そんなことは無いのです、素晴らしいですよ。谷口先生はこうもいわれました。「顔が汚れたという人がありますね。あれは顔が汚れたのではなく、ゴミが汚れているのです。顔がもし汚れていたら、拭いても取れるはずがない」と、こう言われました。悪が善になるのではなく、もともと善なのです。

『叡智の断片』の一七五頁（昭和五八年一月の改訂以後の同書では一五九頁）に、このような話が書かれています。

支那のある偉いお坊さんが、いつも人間は神の子だと言っておったところが、その坊さんが薬を飲み間違えて、体中から膿が出て来た。弟子どもが「完全円満といっているが膿がたらたら流れているではないか」と詰めよったら、「この膿がたらたら流れているまで完全だ」と言ったというのです。〝迷い〟というのはゴミがついている相のようなものです。練成会に来た人が、ゴミを取ればいいのです。そうすれば、中味のきれいなのが出てきます。だから、練成会は風呂屋みたいなもので、練成道場の職員というのは、風呂屋の三助みたいなものだと、私はジョウダンを言います。

神癒といっても、人間は、もともといいものを持っているのですから、そのいいものが出てくるだけなので、難しいことはありません。神癒というとむずかしいようですが、一番大切なのは「無いものを無い」と知ることです。無いものを無いと、はっきり気が付いたらいいのです。

『生命の實相』第三巻、生命篇の一九〇頁に、

《光をさえぎる念のフィルムをかけたものには陰多き世界が現われる、いっそう透明なフィルムをかけたものにはいっそう光明多き世界があらわれる。この世にはかくのごとくして光明と暗黒とがあらわれ、健不健があらわれ、幸不幸があらわれる。しかしあらわれたもののうち、光明と、健康と、幸福とのみが実在であって、暗黒と、病気と、不幸とが実在でないのは、後者は、ただ陰多き念のフィルムにさえぎられて、光がそこに無い、実在がそこに無い、生命がそこに無いという消極的状態にすぎないのであります。だから無いものは無いというほかはない、暗黒は

この世に無い、病気はこの世に無い、不幸はこの世に無い。この世に生命の水がないといってつぶやいているのは、みんな本当に生命の水がないのではなく、生命の井戸を掘らないからであります》

と書いてあります。谷口先生の「無い」は、非常に強いのです。『生命の實相』第十二巻の一三四頁にはこう書いてあります。

《病気というものは本来無い——無いから無いと知れば消えてき、幻のようなフワフワしたものだからアルと思えば根もなくとも大きく出て来るものなのです》

無いものを無いと知ったら有るものが出て来るのです。皆さんが練成をなさるということは、人を一ヵ所に集めて、その間中、責任を持っていることですから、お出で頂いた方に喜びを知って頂くためには大切なことです。

〝光〟が現れれば〝闇〟は消える

「病気はない」ということで、皆さんに是非知って頂きたいことは、光と闇のことを谷口先生が説いておられます。闇という暗いものがあると思うでしょう。闇があるのではなく、光が現れていない相《すがた》が闇なのです。だから何億年前からの闇でもマッチ一本擦ったら、パッと消えるでしょう。闇が有るのではありません。病気はあるのではなく、生命が現れていないだけの相なのです。瞬間にして、スパッと消えてゆくのです。

谷口先生は、戦争中から「病が忽然として消える」と書いておられます。戦争中は軍が検閲していましたので、「病が忽然と消えるのではなく、じわじわと消えたと書け」と、文章の書き方がうるさかったそうです。

『生命の實相』第十五巻の九八頁には、

《心で病気が重くもなれば軽くもなるということを悟るのは碁でいうなら初段に六目というところで、誰でもゆけるところですが、病気は無いというところをさとるのは名人の階級に属するのです。ちょっと、普通の人のゆけぬ境地で、ゆけるとこれくらい自由な境地はないのです》

と書いてあります。理屈を言わないで「病気はない」と、先ず自分に言い聞かせて下さい。それだけ皆さんは健康になります。

谷口雅春先生が言われた「病気が無い」と言うことが、もし嘘であったら、病気はないというこの真理で、これだけ多くの体験が出ているはずがないのです。生長の家が始まってから奇蹟と云われるように病気が治って、癌ですら消えてゆくような事実が出ているのです。病気はないということがもし間違いだったら、生長の家はつぶれているわけです。堂々と言わなければいけません。無いということを、実際に実現して行かなければなりません。それが神癒につながっていくのです。

『生命の實相』には、「病気が治った」と書いてあるところと、「病気が消えた」と書いてあるところとあるのです。それが区別がつくように読みだしたら大したものです。「消えた」というのは、光がきて闇が消えたようにスポッと消えてゆく。これが「神癒」です。心が変わったために、じわじわ変わって治っていくのが「治った」ですね。

谷口先生は、或るところではこう書いておられます。「心が変わって病気が治るのは、医者の薬を貰って病気が治るのと同じ事だ」と。それは一つの現象的な心というもの、心・仏・衆生、三無差別の状態になるわけです。神癒をもたらすためには、「闇はないのだ。病気はないのだ」をしっかり徹底して、これからの練成会を発展させ、多くの人を幸せにして頂きたいと心からお祈りします。ありがとうございました。

第六章　「祝福班」「栄える会」「実相円満誦行」について

元本部練成道場総務　吉田武利

「生長の家祝福班」の成立

私が雲水姿で初めて飛田給道場の門をたたいたのは昭和二十八年三月、三十歳の時で、「とにかく、道場の責任者に逢わせてほしい」と言いました。当時、道場の責任者は徳久克己先生で、同時に青年部長をしておられ、道場員は尊敬と親しみをこめて「部長」「部長」とお呼びしておりました。丁度その日は三月の練成会の最終日で、徳久先生は練成会員に最後の集団面接指導をしておられる最中でしたが、私が今までの遍歴と道場に入って修行したい旨を述べると、徳久先生はジロリと私を見て、

「道場に入るのはただではないよ。奉納金が要るんだがね」

と言われました。徳久先生はなかなか禅的なところがあり、その時の私の話や服装などから、どう見ても余分のお金を持っていそうもない。それでこの男、本当に道を求めてきたかどうかを試す公案として、

「そもさん、奉納金は如何に?」

と聞かれたようです。

私も負けずに、

「お金ならいくらでもあります。托鉢をして廻りますから」

と答える。徳久先生はニヤリと笑われました。

こんないきさつで私が飛田給の長期練成員になって間もなく、五月に「全国青年特別教修会・青年会全国大会」が開催されました。

昭和二十八年五月十一日号の『點燈者』という新聞に「生長の家祝福班の成立について」と題して、徳久先生が次のように書いておられます。

《ブラジル、アメリカの旅を終って帰国して以来、私は「もっともっと積極的に生長の家を日本国中にひろめなければならない!」

という衝動にかられて、飛田給の職員に古い雑誌を百部ずつ毎月わたして、これを街頭に立って宣伝するようにしてみたり、戸別訪問をしてみたり、色々としてみたのであるが、どうも長続きがしないのである。

「君達は〝生長の家〟という、相手が本当に幸福になる教えを伝道して歩いているのである。悪いことをしているのではないのであるから、もっと自信をもたなくては駄目だ！」

と、いくら言ってきかせても、頭ではわかりながら、長続きがしない。とくに何か無理があるに違いないと、私は思いつつも、新しい方法が見つからなかったのである。

最近、私はこの生長の家の伝道方法として、特に青年運動に最もぴったりとした、自分が救われた悦びの感謝報恩行として青年が悦んで実践できる何か新しい方法はないかと、日夜考えつづけていたのである。その時丁度、吉田武利君という京大法学部を卒業して、禅の修行をしているという青年がやって来て、禅ではどうしても割り切れないものが、生長の家の御教えで解決し得るのであって、この生長の家こそ宗教の最高峰であると、道を求めて当道場をたずねて来たのである。そして、私はいま托鉢して歩いている、とのことである。私の頭に

「托鉢！」

という言葉がピンとひびいた。然し、それはピンと響いただけで青年運動と何の結びつきも出

て来なかった。山陰、北陸の講演旅行を終って帰って来てみると、吉田君は道場に来ている。そして「青年特別教修会」が始まった。その青年会運動の実践として、今日午後、街頭進出の実修をするという午前中、午後の行事について何かすばらしいことはないかと考えていた私は、ふと、「街頭宣伝よりも、禅の托鉢のように、一軒一軒戸別的に『甘露の法雨』をあげて、その家に神の祝福がみちあふれますようにと、祈って歩いて、そしてその祝福に対して喜捨があたえられたら、その喜捨に対して又『生長の家』の雑誌を与えて歩いたら、どうであろうか?」

ということが、ピンときた。そこですぐ吉田君をよんで、このようなことが頭に浮かんだがどうだろうと尋ねると、吉田君もそこにいた名古屋の小路君も

「それはすばらしい、早速やってみましょう!」

ということになり、色々と皆で協議して、吉田君と小路君とが指導者となって、その午後にいさんで出かけて行った。私はこの新方法の成功を神に祈っていた。

やがて夕方、その新しい組が帰って来た。

「どうだった?」

と問う私は、帰って来た人々の顔を見ただけで、成功したな、とすぐわかった。それはその人々の顔が悦びにみたされていたからである。

「大成功です！」

小路君も吉田君も悦びに輝いた顔をしている。一緒に出かけた人々も

「本当に楽しかったです。こんなのだったら、又行きたいです」

と言う。翌日、青年雄弁大会においでになられた教団本部理事の皆様にそのことを御報告すると、それはすばらしい、と皆様からお喜び戴き、すぐそれを谷口先生に御報告するようにとのことで、田口理事と私とで谷口先生に御報告申しあげると、先生も大変お悦びなさいまして、その場で、

「生長の家祝福班」

と命名して戴いたのである。そして、細かい御注意も戴いて、単に青年運動というのみでなく、生長の家の新しい運動として展開することとなったのである。然し、先ずその実践には青年会の皆様方が、実践の中核体としてやって戴きたいのである。私自身もすぐその後でこの托鉢を実践してみたが、実に後味のよいものである》

こうして道場入門早々に祝福班長を命ぜられ、練成行事として、また練成がない日は道場員そろって、毎日毎日「祝福行」に出かけました。出発に当っては一同整列し、

「全世界の青年よ、人類光明化運動の聖旗の下に手を握れ」と神は宣《の》り給う。
今光明燦然として人類光明化の聖旗は輝きながら吾等の前を進むのである。
聖旗の上に金色の鳩あまくだりて棲《と》まるを見る。
これ平和の神の象徴である。
神よ、吾等みあとを慕いていざ行かん。
神よ、愈々《いよいよ》輝きを増して吾等の行手を照らしたまえ。

と「人類光明化運動推進のための祈り」を捧げて出かけました。

「栄える会」誕生の経緯

昭和三十五年、突如、徳久先生から「『中小企業経営者の集い』をやるから、君、担当して、人を集めるように」と命ぜられました。練成出身者の中で、会社の経営者と、それから当時『光の泉』誌に毎月経営者の体験談が載っていましたので、その方々に案内状を出しました。

飛田給で第一回の会合が開かれたのが、同年三月十九日で、はじめは、物珍しさも手伝って多数参会しましたが、毎月開いてゆくうちに、だんだん減ってきました。私は別の仕事も兼務していましたので「これは片手間ではいかん」と反省して、妹尾壽夫職員に担当を専任して貰いました。バトンタッチの際、常時百人は集るようにしてほしいと頼みましたが、妹尾職員は運営委員会を開いたり、毎月、創意工夫をこらしたチラシを送ったりして、とうとう常時百人にしました。これが「栄える会」の前身です。

（編者注・「中小企業経営者の集い」は、昭和三十七年三月より「栄える会」と改称し、経営者のみならず、繁栄を求める人々にも門戸を大きく開放した。その中から生長の家の教えを企業経営に生かす経営者が多数輩出し、これらの人が中心となって、企業活動を通して「人類光明化運動」を推進する、現在の「生長の家栄える会」が誕生することになった。）

「実相円満誦行」について

谷口雅春先生の御教示を受け、飛田給道場で初めて道場員、練修生一同で、一万回の実相円満誦行を実施したのは、昭和三十九年の三月でした。

続いて、これを毎月の練成行事で実施したところ、多くの体験が生れたので、谷口雅春先生に御報告致しましたら、同年六月号の『生長の家』誌の「明窓浄机」欄で〝実相円満誦行の功徳〟

と題して、次のようにお書き下さいました。

《○既に読者は御存知の通り、生長の家の教えは、「完全円満な実相世界」が既に実在するというのであり、その完全さが現実世界にあらわれないのは、私達の身意口の三業が浄まっていないために、恰《あたか》も曇ったレンズで写真を写したり、歪んだフイルターをかけたままで映画をうつしたりするので、折角、立派な景色があっても、それを写して現像してみたが一向美しくないのと同じなのであります。それで現象世界に実相の完全な姿をあらわすには、身意口の三業を浄めなければならないのであります。それでその浄行を実践することが必要なのであります。その浄行を身意口の三つに分けて排列しますと次の如くなるのであります。

（1）実行《じつぎょう》（身の行いに実践する行）

実行としては、聖典読誦の行、公けのための献労行、祝福班となって戸別に祝福して歩く行、心の悩みを書いて焼却する行、他の人に聖典神誌を配布又は献本する行等があります。

（2）観行（意《こころ》に観じ念ずる行）

観行としては『詳説神想観』に示されているような色々の観法があります。

（3）誦行（言葉で口誦する行）

誦行としては『甘露の法雨』『続々甘露の法雨』『天使の言葉』の聖経の読誦の方法があり、多くの障礙《しょうげ》の霊が救われて、医界不治の難症の治癒せる如き例も多々あります。或は「有りがとうございます」を一万遍唱える「感謝誦行」があります。また『生活の智慧365章』に示されたる「スミヨシノオオミカミ」の十言《とこと》の神号を一万遍唱える「神号誦行」があり、次に説明されているのは、実相世界の円満さを潜在意識に徹底せしめて、心のレンズから不完全の翳《かげ》を無くする「実相円満誦行」を東京飛田給の練成道場に於いて実践した結果の吉田武利講師からの報告であります。――

三月の飛田給道場の一般練成会で今度、谷口雅春先生から御命名いただいた「実相円満誦行」を行いました。「実相円満誦行」というのは、「実相・円満・完全」という真理の言葉を数百回、数千回連続して誦えるコトバの大行であります。

練成会では、はじめての人も多く来られますので、最初二十分位、「吾等は神の子として無限の可能性を内に包有し、言葉の創化力を駆使して大自在の境に達し得ることを信ず」という「七つの光明宣言」の第五を拝読して、言葉の力という事を説明し、吾々は内に神の子の実相の円満完全なるものを包有しているのであり、その円満完全なるものを顕すのは言葉の力による。「実相・円満・完全」と称えるのは、肉体の自分でなく、本来円満完全なる実相の自分が称えるのである旨を説明したのち一時間半連続して「実相・円満・完全」と称えました。

称えてゆくうちに三百余人の「実相・円満・完全」という言葉が一つになり、その響が高まり、何ともいえぬ荘厳極りない雰囲気が講堂一杯にみなぎりました》

この谷口雅春先生の御文章が発表されるや、全国的に大きな反響を呼び、日本各地、更にハワイ等からもお便りをいただきました。最初来たのが、故谷川吉次郎先生（当時教化部長）からで、「合掌有難うございます。『明窓浄机』に誦行の功徳について御発表いただき、私の担当地区でも励行していますが、素晴らしいですね。「ゆには」練成でも課目の一つにして励行しています。如何に多くの人がこれにより救われることか、私も以前、代表者会議で同様の事を提案申し上げた事があり、欣喜に堪えません」とありました。

「練成会」の根本精神

「練成会を御指導下さるのは生長の家大神であり、われわれ道場員は、ただひたすら練成会員の実相を拝みきり、神様と練成会員とをつなぐパイプになることである。この意味で谷口雅春先生は〝錬成〟ではなく〝練成〟と御命名下さったのである」と、事あるごとに徳久先生から教わりました。

飛田給道場の先輩、村田圭介先生の話によると、練成の初期は、放送一つでも「それが練成会員を本当に拝んでいる放送か！」と徳久先生から電話が来て、命がけだったそうです。

飛田給道場の総務を拝命していた時、兵庫県の福島正俊特務講師よりお葉書をいただきました。そこには、

「飛田給！　嗚呼飛田給！　飛田給！」

とありました。私はこの短い文章に全国、否、全世界で、光明化運動に活躍しておられる飛田給出身の皆様の道場に寄せる熱い思いが凝縮されていることを感じました。

神奈川県の神谷貞子さんは、「私は飛田給の門をくぐり、正面にある谷口雅春先生の「神は愛也」の御軸を拝みますと、何ものをも赦された神様の大愛に包まれていることを感じ、〝本当に魂の故郷〟に還った心のやすらぎを覚えます」と言っておられますが、全く同感です。

第七章 「聖経・法供養」の誕生と意義について

「聖経・法供養」は、昭和四十四年十一月に現在の円形建物が建立された翌年の一月に、これまでの「神癒祈願」と違う、聖経による「希望成就の祈願」として、谷口雅春先生が、飛田給道場のみに授けられたものです。

「聖経・法供養」誕生の経緯と意義について、谷口雅春先生は、『生長の家』誌の昭和四十五年三月号の「明窓浄机」欄に〃「聖経・法供養」の提唱〃と題して次のように書いておられます。「聖経・法供養」の意義を正しく伝えるために、ここに掲載させて頂きます。

《○一月初旬開催の飛田給新練成道場での第一回練成会は三百二十名の参加者があり、大変盛会でした。ブラジルで外人布教の功績によりブラジルの最高勲章を授与されて新帰朝した徳久克己先生の指導による新道場での、初練成会であるから素晴しい人気であるのも当然である。その徳久先生から新年匆々《そうそう》次のようなお手紙を頂いた。練成及び今後の飛田給道場での法供養の問題に関するものであるから次にそのお手紙を紹介する。

『合掌、新築の飛田給練成道場は三百名の練成会員がきてくれまして、まことにすばらしい雰囲気でございます。お正月でございますので、本日四日の御講習が終りますと、約半分は帰ると思います。ブラジルに参りまして、ブラジル人に生長の家を伝え、生長の家の信徒に定着してもらうために、ただ、たんに個人指導をしただけでなく、困っている人に聖経を読んであげる、「聖経祈願」とでも申しますか、愛念を供養しますことによりまして、多くのブラジル人信徒をつくることができました。それは、個人徳久にすがらず、たとい、私がいなくなっても「生長の家へ行けば、自分のために祈ってもらえる」という、心のつながりをもってもらうために必要であると信じましてはじめました。ブラジルからの報告によりますと、私がいなくなりましてもブラジル人の個人指導、聖経祈願が全然へらずブラジル人がきているとのことで、私も安心し、喜んでおります。

新築の、すばらしい道場をおつくりいただきまして、私といたしましては、特に、宗教的雰囲気の「愛の道場」にしたいと努力いたしております。練成のはじまる四、五日前から、道場の職員及び練修生に一日中ぶっとおしで、聖経を読誦してもらいまして全館放送をいたしましたら、読む者も喜び、道場の雰囲気がとてもよくなりました。本部には、神癒祈願がございますし、宇治別格本山は、霊の供養を主といたしておりますので、飛田給は、求める者のために聖経を供養する道場といたしたいと思います。

一、名称、「聖経祈願」(仮称) 名前をおつけいただきたいと思います。

一、方法、希望者は、申込書と共に、聖魂用の用紙程度の用紙をつくり、本人に自書して申し込んでもらう。

一、実施方法、申込みを受けた道場は、同じ用紙に申込者の名前を書き、「聖経祈願」の印をつくり、それを押して本人に持たせる。本人自筆の名前を書いた用紙は、ツイタテのようなものにはり、一ヵ月間聖経を読誦する。一ヵ月に二百回以上の聖経を供養することができる。

一、奉納金、自由。

右のような方法で実施いたしてみたいと存じます。私は、生長の家の聖経のすばらしさは、とうてい計り知ることのできないすばらしいもので、この聖経を供養することによって、多くの奇蹟がおこること間違いないと確信いたします。これはブラジルで既に実証ずみで、目の見えない者が見えだした実例もございます。

無条件の愛をもって、求める者のため聖経を供養する「愛の道場」を実現いたしたいと思い、お願いする次第でございます。

右の方法につきまして、御注意御指示をお願いする次第でございます。合掌　徳久克己』

○まったく神と人間との間の愛の仲介者のような徳久先生として応《まさ》に斯くあるべしと考えられるような提案である。飛田給の新道場を「愛の道場」として、祈願をねがう者に無条件で、聖経の読誦供養をしたいと言われる。一も二もなく賛成である。

実相の悟りに到る六つの道なる六波羅蜜の第一が布施である。布施には〝**物供養**〟といって財物その他の物質を供養する布施と、荘厳供養といって飛田給の新道場のような荘厳な雰囲気の道場、伽藍等を布施する〝**荘厳供養**〟と、真理を布施する〝**法供養**〟とがある。飛田給の新築のような、何ともいえない神々しい〝浄土現前〟とでもいうような荘厳な道場が出来ると、その雰囲気の力で人を魅きつけ大衆を悟りに導き、その魂を救う機縁をつくることができるので、荘厳供養が非常に貴い布施行となるのである。あらためて、あの道場建築費を寄附せられ又、献労せられた多勢の信徒たちに感謝申し上げます。

しかしどんなに立派な道場が建っても、そこへ参詣しても、真理を布施して貰えなかったら最終的に魂は得る処がないのであるから、真理の言葉である聖経を読誦する〝法供養〟がその道場に布施の中味をあたえるものとして大切なのである。

仏教では古来、施餓鬼とか法事とかいって、真理のお経の読誦を供養する行事があったが、それは大抵、彼岸会とか他界者の命日とかに経文を読誦する行事であったが、この飛田給新道場に於ける聖経読誦の供養は生きている人間に真理を供養するのである。肉体は本来無であり、心の糸を組み合わせてつくられた〝人間の繭〟に過ぎないのであるから、肉体という繭を纏《まと》うていると、脱いでいるとに拘らず、真理の供養を受けるのは〝神の子〟なる本人の霊であるということである。そして聖経読誦によって真理の供養を受けるにしたがって、その人の実相たる〝神の子〟の完全さが尚一層完全に開顕されることになるのである。

それで私は、この聖経の集団読誦は、法供養であるから**聖経・法供養**と名付けることにした。自筆で一定の用紙に住所姓名年齢を書いたものを法供養が本人に到達する媒介とするのもよいが、小さな名刺型の本人の写真の裏に住所姓名年齢を書き一ヵ月間、法供養を受けたあとは、その肖像写真を本人にお返して御本人の肌守りとせられるとよいと思う。それには二百回以上の多勢の誠心の聖経読誦の真理の霊波が印象されているのであるから》

徳久克己講師が発案し、谷口雅春先生のご指導を得て始まった、飛田給道場のみの「聖経・法供養」は、祈願を受ける人の写真を本人の〝誠魂〟とし、一日に十三回以上、聖経『甘露の法雨』『天使の言葉』『続々甘露の法雨』の順序で、道場の本部講師を中心に、全道場員によって読誦いたします。

また、毎月一日から十日に開催される「神性開発練成会」（通称「一般練成会」）で、練成参加者とともに、聖経三部を連続読誦する「聖経法供養祭」が執り行われています。

第八章　「練成会」発展の歴史を語る〈座談会〉

◇出席者（肩書きは昭和四十四年当時のもの）

生長の家本部練成局次長　菊地藤吉
宇治別格本山練成部長　嘉村俊熈
ゆには練成道場駐在本部講師　村田圭介

「練成会」の発展の歴史について、飛田給道場と深く関わりのあった三人の方によって、昭和四十四年十一月、新練成道場の落慶を記念して行われた「座談会」を掲載いたします。その時々のエピソードが紹介されて貴重な記録となっています。

司会　本日は飛田給が練成道場として出発したいきさつから今日までの練成会全体にわたる二十一年の歩みをお話しいただきたいと思います。

先ず、「飛田給」開設当時から練成会ひとすじに歩んでおられる嘉村先生からどうぞ。

日本再建を担う青年の養成

嘉村　昭和二十二年に谷口先生が飛田給道場の建物を買収された目的は、戦後の風紀がいちじるしく紊乱《びんらん》し、私生児や混血児が多く堕胎される傾向にあったので、これらを救うために児童保育も兼ねた無痛分娩の産院を開設する予定で、徳久博士をはじめ私等も職員として迎えられた訳です。

ところが占領軍の圧力により許可が下りず、今もって不許可とも何とも返答がない訳ですが、産院予定の建物に青年を集め暫定的に「光明生活実践会」という修養実践を行ったのが練成会のはじまりです。

その間に谷口先生から「そんなに永く許可が下りないのは神意にかなわないのだな」とおことばがあって「産院はやめましょう」ということになった。そして昭和二十三年の五月から宗教道場として練成会がはじまったのです。

初期の練成会の様子は真剣そのものでした。道場はすべて板張りで、毛布など敷いて坐ると、どなりつけられるほどでした。受講者は四十歳以下の青年で、それ以上の年齢の者はオブザーバーということになっていました。日本古来からの修行道場といった雰囲気で、ともかく青年を鍛えあげるという信念がみなぎっておりました。

村田　戦後の日本を再建する青年を養成しなければならない、という使命感によって練成会がはじめられたのです。当時、国民全体が食糧難でもあり、道徳的にも低下していましたから、それを何とかしなければならんという気持が道場全体にあふれていましたね。

嘉村 そう。それと同時に、人類光明化運動を推進する選士といいますか、リーダーを養成するというのが道場の中心課題でした。その頃は二週間の合宿で練成を行ない、参加者はふとんと米をかついできました。

講師には本部の吉田國太郎先生や山口悌治先生等が毎日交替で来ておられましたが、あとの時間はほとんど徳久先生が講話しておりまして、講義の中心は何といっても、いのちがけの信仰から出てくる日本精神の発揚というところに大変な力点をおいて、すさまじい迫力で演説しておりましたね。生長の家の教えを聴聞するということだけでなく、自ら実践し光明化運動に挺身するという人材が養成されはじめたという点で、練成道場の意義は生長の家の歴史に特筆されるべき一つの転期であったと思います。

練成道場がはじまって間もなく、徳久先生と「産院にならなくてよかったね」と話し合ったことがあります。といいますのは、優生保護法との関係もあると思いますが、産院は「生ませる」ことよりも、「生ませない」こと、つまり産児制限の指導に当らねばならないことになってきたからです。その意味から、産院開設が神意にかなわないとして宗教道場に切りかえられた谷口先生の直感は、やはり正しかったと今にして思いあたるのです。

菊地 一般にあまり知られていないことです

が、昭和二十三年五月二十九日にはじめて谷口雅春先生が飛田給にお越しになられ、練成会をご指導下さいました。この日が飛田給道場の創立記念日ということになっております。

嘉村　その頃はいろんな出来事がありました。占領軍の民政局がたびたび道場を調べにきたりしましたね。「生長の家」はどういう考え方でどういう教育をしているか、という点にさぐりをいれていたようです。占領軍の民政に反対するような、愛国精神を発揚するような教育をしているのではないかと注意していたようです。

村田　飛田給からは実にいろんな人物が育って行きましたですね。橋本健さんが道場に来たのが二十三年の四月でした。道場の中に、「幸福科学研究所」というのを設けましてね、いろんな研究や発明をやっていました。この研究所のスタッフが後に「光音社」へ行ったのです。

菊地　その時分から橋本健さんは超心理学の研究をしたのでしょう。「心境測定器」とかいうものをつくりましてね。一種のウソ発見器のようなものだと思いますが、人間の想念というものがどれくらい力をもっているか、それを測定する機械をつくったりしていました。

それから木下乙市さんが主催していた「世界友の会」の事務所もはじめは道場にありましたね。徳久先生や私も、友の会の理事になっていました。石本一風さんも関係していました。そしてこの友の会にいた加藤日出夫さんが、現在の「若い根っこの会」をつくって行ったのです。

「尾道練成会」の誕生

嘉村　二十四年の八月に、ハードマン博士が来ましたね。「メンタル・サイエンス東洋本部」というのが飛田給道場にありまして、大いに博士を歓迎しましてね。ハードマンは谷口先生と御一緒に全国を講演して歩きました。

そして二十五年の四月から「尾道練成会」がはじまりました。前の月に私が視察に行きまして、加藤慶一郎さんの料亭であった所が道場になったのですが、環境がなにしろ絃歌さんざめく所でしてね。神想観をやっていると三味線の音が聞こえてくる。それで谷口先生に「どうも三味線の音がうるさくて……」と申しあげたところが、先生は「天人集まりて伎楽を奏するというではないか」とおっしゃられてね、まいったですよ。そういうところの先生の把え方は実に見事なものですね。

村田　尾道練成会の初期の出身は池内栄太さんだとか、岩橋成悟さん等ですね。

嘉村　それに高知県連会長になっている岡本さんも尾道練成会出身です。それから因島で熱心にやっている岡野さん、府中の田中さん等、こういう人は毎月のように練成に来ていましたよ。加藤さん夫妻が練成員の親代りみたいに世話をして家庭的な道場でしたね。しかし練成の内容は飛田給とほとんど同じで、とくに変った点はありませんでした。徳久先生や私が毎月行って指導していましたから。

　尾道練成会は二十五年から二十九年まで約四年半の間つづきまして、宇治練成会がはじまったので尾道は文化女学院となったわけです。

村田　昭和三十九年の四月から四十二年十月まで、二度目の「尾道練成会」が行なわれました。それまでの文化女学院が発展的に解消されて再び練成をやることになりまして、私ども「ゆには」から指導講師が毎月行ったのです。

　中国・四国の幹部の方々にはずいぶんお世話になりまして、また練成会というものの素晴らしさも理解していただいて、よかったと思っています。おかげで最近では広島県の府中でも練成がはじまり、また山口県の「松陰道場」でも本部練成会として練成会がはじまりましたし、ともかく中国、四国地方が今日のように発展するについて尾道道場の役割は非常に大きかったと思います。

「長崎練成会」から「ゆには練成会」へ

村田　昭和三十二年十一月から長崎で練成会がはじまって、私が派遣されることになりました。杉山むらさんのお宅で、幕末の頃からつづいた迎陽亭という大きな料亭であったそうですが、この建物をお借りして練成会をはじめたわけです。実に見晴らしのよい高台にありまして、長崎の街なみや港が一望に見渡せるんですね。

菊地　長崎練成会がはじまる以前に、熊本の教化部で横尾栄一先生が練成会をやっておられましたですね。昭和二十七、八年頃だったと思います。けれども九州で本部直轄の練成会がはじまったのは長崎ですね。

村田　そうです。長崎という土地も古くから宗教的な雰囲気のあるところでして、キリスト教会や仏教の寺院などが多いですね。九州各地から練成員がよく集まってくれました。最初の頃は八十名くらいだったと記憶しています。

菊地　長崎練成会で印象のふかいのは、毎月原爆の被爆地へ行って聖経読誦を行なったことですね。地元の人々にもたいへん注目されたと思います。

長崎では杉山先生にずいぶんお世話になりましたですね。

村田　それから九州各地の教化部長や地方講師の方々が練成指導にお出でくださいましてね、九州全体の講師の交流といいますか、教化活動のまとまりという点で大いによかったのではないでしょうか。

長崎では一年八カ月やりまして、それから福岡の「ゆには」会館へ移って現在にいたっているわけです。

それにしても錬成行事を行なうには苦労があったですね。

嘉村　まったく、あそこは繁華街のまんなかですからねえ。

菊地　しかしあそこで人々が救われたということは、指導講師の祈りの深さだと思いますね。

村田　やはり九州全体の教化部長さん方に指導にお出でいただいたことが非常によかったんですね。それと、佐藤高喜さんをはじめ地元の地方講師の方々が大変よく奉仕してくださいまして、こうした点が錬成道場と第一線組織とを直結するという意味で、よかったと思います。

その時分、菊地先生が九州の教化総長をしておられましたですね。

菊地　ええ、そうでした。毎月行っておりました。各県の相・白・青・講の幹部の方々が「ゆには」に集りまして合同会議をやりましたが、その集まりがまた錬成参加者を募る協力態勢にもなっていたわけです。

やはり錬成道場と相・白・青・講の第一線とが密接なつながりをもつことは、今後とも大事なことですね。

それから「ゆには」には、わりと職場から送られて参加した人が多かったのではないですか。

村田　はあ、そうです。姫路の池田電機とか、そのほかいろんな会社や商店から毎月つぎつぎに練成員を送ってくれましてね。喜んでくださったですよ。

菊地　各種の企業から練成を受けにくるような事も、今後は積極的に考えて行きたいですね。練成を受けて、すばらしい神性が開発されれば企業はみちがえるほど生き生きとした人間関係ができあがるわけですから、企業の側からも練成会というものに注目する時代に入っていると思うんです。それだけに、われわれとしても受け入れ態勢や練成以後の連絡等をしっかりと、ととのえる必要があると思います。

「宇治別格本山」の開設と〝無我献労〟

司会　尾道の練成会と前後して「地方練成会」が始まった訳ですが、その件はあとにしまして、昭和二十九年に「生長の家宇治別格本山修練道場」が設立されましたね。その当時は今日見るような立派な宝蔵神社および大拝殿等はなく、まだ藪におおわれた深い谷間の中に、木造一階建の道場であったと伺っておりますが……

菊地　その藪におおわれた谷間を今日のような大拝殿を建立するほどになさったのが練成会員の皆さんです。

司会　その練成会の特色はどんなことでしたでしょうか？

嘉村　宇治の練成会の特色はなんといっても〝無我献労〟というところにありました。真理を聞きながら「神の子・無限力」を実践し、同時に先祖の菩提を祈願する場をつくりあげて行く、という考え方がつながっていったわけです。はじめのうちは朝と夜だけ講話があって、日中はほとんど献労をしていましたね。

菊地 そのころ、よくヒロポン中毒の青年が来て、実によく治ったですね。覚醒剤ですね。あれが青年たちの間に流行して困った風潮でしたが、練成会で親孝行の話をきいて救われたんだと思います。親孝行の話に涙を流し、献労で汗を流し、身も心も洗われて生まれかわったんですね。

ひとつには戦後、親子関係が崩壊していく、その苦しみがヒロポンの流行であったのではないかと思いますが、それが「生長の家」によって新たに親子関係が再建されて行ったといってよいでしょう。

嘉村 そうですね。献労しながら「ありがとうございます、ありがとうございます」と声に出して働く、その言葉の力ですね。本当にありがたいという感謝の気持が実感として湧いてくる。生きていることがありがたい、父母がありがたいという想いがふつふつと湧きあがってくるんです。

菊地 大きな木を倒し山を崩し、よくやったですね。練成員の「ありがとうございます」という叫び声が周囲の山にこだまして、荘厳な感じでした。現在のような立派な建物ができあがるとは思ってもみませんでした。

嘉村 三十四年に宝蔵神社とその拝殿ができた

のですが、その間四年半かけて山崩しや地ならしが献労によってなされたわけです。今考えてみると大変なことをやりとげたと思います。

菊地　なにごとも建設期、草創期というものは楽しく思い出ふかいものです。ふりかえってみると苦しみなどは消えてしまっていますね。

嘉村　ここは古くから霊地といわれていまして山王権現の社と滝があるのです。昔から行者が滝にうたれて修行をしていたところで、今でも正月には、にぎやかなお祭りが行なわれるんですね。それから、この東側の山頂には後醍醐天皇の行在所があったと伝えられております。考えてみますと、この地に「生長の家」の道場や宝蔵神社がつくられたということは、はかりしれない神縁というか、歴史的な意義があるのだと思いますね。

「伊勢神宮奉仕実践練成会」と「橿原練成会」

司会　「伊勢神宮奉仕実践練成会」が約一年六ヵ月にわたって行われましたね。

嘉村　あれは昭和三十四年十月からでした。伊勢湾台風（編者注・昭和三十四年九月二十六日の夜半から二十七日にかけて東海地方を襲った台風、未曾有と言われる大被害をもたらした）のため伊勢神宮御神域の樹齢千年の大杉が無惨に倒れ伏したありさまは、唯物思想の横行と、神への不信に陥った当時の日本を象徴している如くでした。
三十六年の三月、伊勢における谷口先生の御講習を期に終った訳ですが、終了に際し坊城大宮司がわざわざ講習会場に谷口先生を御訪問になり、「生長の家」の奉仕活動に対する御礼の言葉と感謝状および天皇、皇后両陛下の御真影を贈られました。

菊地　伊勢湾台風によって名古屋が大変な被害をうけたというので、生長の家本部ではただちに救援隊を派遣することになりまして、当時青年会の中央事務局長でありました良本峯夫講師と宮本十郎講師をはじめ、飛田給の長期練成員や練修生が、東京都の白鳩会が集めてくださった救援物資をもって出発しました。

すでに現地では東海教化部（現在の愛知県教化部）を拠点とする救援隊が組織され、活動を開始しておりまして、それに合流して本部からの救援物資をドラム缶のいかだに乗せて配って歩いたようです。なにしろ町中が水浸しだったそうですからね。でその救援活動がひとまず終りまして、その報告会の時、伊勢神宮の御神域が台風で荒れ果てているというので、それでは御神域復旧の奉仕活動をひきつづきやろうということになりまして、その打合せに良本さんが折返し伊勢に派遣されたのです。その時に神宮の荒廃したありさまを見て、良本さんは泣いたといいますね。かっては欝蒼としていた参道の大樹がことごとく折れ伏していたのですからね。

神宮との打合せがすんで、良本さんは宇治へ行ったんでしたね。

嘉村 そうです。伊勢で奉仕練成をするというので、宇治から楠本加美野講師を中心に職員や長期練成員を派遣することにしまして、炊事道具などを山ほど車に積んで行ったですよ。非常に印象に残っています。

菊地 みんな実によくやりましたね。五十鈴川に倒れこんだ大きな木を水につかって引き上げたりしてね。全国から青年、学生、高校生、それに中学生まで来ましたですね。

やはり、なんといいましても伊勢神宮は日本民族の魂の中心ですからね。寒中の五十鈴川に何時間も入って作業するということは、「生長の家」の青年でなければできないですよ。無我奉仕の精神ができていませんとね。

村田 五十鈴川に入って作業するというのは、とりもなおさず〝みそぎ〟の行ですねえ。五十鈴川に倒れこんだ大木を引きあげ、川がきれいになったところで鯉をたくさん放ったですね。

菊地 それから杉の苗木を何千本も植えましたですね。あの木がもとのように鬱蒼と繁るまでには何百年もかかるでしょうね。

その後、天皇陛下が伊勢神宮にお出でになられました時の新聞記事に、「日本国民の精神の中心である伊勢神宮が台風で荒らされたことに心がいたむ。しかし国民の皆様の奉仕によってこんなに復興したことは喜びにたえない」という意味のお言葉がでておりましてねえ。その新聞を良本さんが持ってきましてね、僕の前で男泣きに泣いていました。

嘉村　伊勢練成が終わりましてから「橿原練成会」がはじまったんです。昭和三十六年の十二月から三十九年三月までですね。

その時に御陵めぐりをしましてね。伊勢と橿原で練成会をすることによって、全国の青年たちの間に皇室中心の「生長の家」の考え方がしっかり身についたと思います。なんといいましても、「中心帰一」の教えは思想の問題というよりも、魂でじかに直観しなければなりませんから、その意味で伊勢、橿原で練成をしたことはきわめて大事なことであったわけです。

村田　そうですね。伊勢の練成にしろ橿原の練成にしろ、形式にとらわれない実にのびのびとした、古代の人々や万葉びとの自由でおおらかな魂にじかにふれるような感じがありましたですねえ。

嘉村　そういえば大和歴史館館長の小島さんが実に熱心に歴史の話をしてくれました。明日香村をまわったりしてね。

村田　練成を通じて日本の古代に歴史的に直結しているという実感がありました。このことは歴史を理解するうえで一番大事なことですね。

嘉村　やはりわれわれは日本人の本当の姿を知

りたくてならない。そういう魂の内から要求してくるものがあるんですね。それがあるから、谷口先生がしきりに『古事記』の講義をなさるそのお話が身についてくるんですねえ。魂から響いてくるものを理解するんですね。

「富士河口湖道場」と「能力開発センター」

司会　河口湖道場が練成を開始したのは昭和三十八年でしたが、現在のように飛田給道場の建物が復元移築されたのが四十二年十月ですね。その辺のいきさつを菊地先生から……

菊地　谷口雅春先生御夫妻が海外御巡錫の直前に、河口湖の療養所を買うということになり、谷口清超先生のお伴をして私どももその土地を見にまいりました。敷地一面によもぎが生えておりまして、建物そのものは大分荒れておりました。しかし空気はきれいですし富士山をまのあたりに眺められるし実にすばらしいところですね。

練成道場の責任者として最初、飯野晃次先生が赴任、後に楠本加美野講師に替ったわけです。

ここの練成の特徴といいますと、黎明の富士を仰いで神想観をすることでしょうね。昭和四十二年に飛田給の建物を移築しましてからは暖房設備もでき、このごろは実に快適な練成道場になっています。

この河口湖にもずいぶんたくさんの企業

から練成を受けにきます。新入社員や幹部社員が受けにきたり、それで「これはいい」ということになって「能力開発センター」が生まれたわけです。人間神の子の無限力を信じ、それを仕事の上でも実践するわけですから、すばらしい能力を発揮してばりばり仕事をするようになるんです。本人はもとより会社としても喜ぶのが当然でしてね。

河口湖には今後もどしどし多くの企業から参加者がふえてくると思います。現代の企業としては、人間の無限性をいかに開発するか、その点にいわば成功の鍵があることに気づきはじめていますからね。その意味で河口湖の練成会は産業界から注目されているといって過言でないと思います。

「地方練成会」と「青少年練成会」

嘉村　尾道練成会と前後して「地方練成会」（編者注・昭和二十九年三月、本部に地方練成部を設置。同年六月、山形で初の地方練成会を開催）がはじまりまして、全国的にやって歩きましたですね。一番参加者が多かったのは香川県の屋島の近くで五百人近く集まりました。それから富山県の禅寺でやった時も多くて、なにか自分を鍛えるという気風が全国的にあったのだと思います。

菊地　地方練成会によって、合掌して互いに礼拝するということが全国の信徒の方々に身についたと思います。それまでは谷口先生はいつでも何処でも合掌されておられましたが、一般信徒はそうでもなかったですからね。教えを生活に実践するという点で、「地方練成会」の役割は大きかったと思います。それと前後していろいろの実践活動が起ってきました。その一つに「子供会」が全国的に広まったことがあります。宣伝カーをもって各地を歩きましたが、子供会をきっかけに、青年会が活発な活動をするようにもなりました。この活動が後に新教育者連盟の運動へもつながって行ったと思います。

嘉村　飛田給道場でやった「子供大会」（昭和二十九年一月）は、あの近くの子供が八百人くらいも集まりましたよ。

村田　そのころ、小路博視さんとか池内栄太さんとかが飛田給に来ましてね、全国の青年運動の指導を始めて非常に活発になったようです。

菊地　今の高校生連盟の前身の「十代の集い」（昭和二十九年七月に発足）が、当時高校生であった佐野一郎君などによって行なわれたのもその頃です。「光明実践委員」も飛田給がはじまりで後に本部の制度となりましたし、それから「祝福班」がはじまりました。

嘉村　禅宗から「生長の家」に来た吉田武利さんが一所懸命に「祝福班」をやりましてね。地方練成でも必ず「祝福班」の実践を行なったものです。

宇治の道場ができるというので、吉田さん、池内さん、川邊さんが宇治の町の全戸を祝福して歩いて喜ばれたものです。

菊地 自己修業から実践へ移っていったことが現在の光明化運動の態勢を全国的につくる上に大きく役立ったですね。街頭講演を盛んにやりましてね。新宿や銀座にのぼりを押し立ててやったですね。

新宿の角筈の辺でね。まだ焼跡の空地があちこちにあったですよ。「生長の家」としては、それまではあまり街頭演説などはやっていなかった、それが「静」から「動」へ移っていった、その先頭をきったのはやはり練成会であったと思います。

司会 今お話に出ている地方練成会と現在のそれとは異なるような気が致しますが……

菊地 ハイ、そうですネ。

今までの話は地方練成部というものがあった時代のことで、各地へ講師が巡回した訳ですが、現在の地方練成会は、教化部長さんが中心で地元の幹部を育成することが目的です。

司会 飛田給道場が新築されましたがその間だけ本部で練成をしている訳ですネ。

菊地 昭和四十二年六月から本部会館で練成が始まりました。飛田給に五千人収容する大道場の建設がはじまりましたので、本部会館でやることになったわけですが、来年からは飛田給に移ります。本部での練成には、毎月谷口清超先生が御指導くださいましたね。

嘉村　こうして「練成会」の歩みをふりかえってみると、戦後のさまざまな問題をはらんだ時代に光明化運動をすすめて行くについての基礎をつくってきたのが「練成会」であったと思います。

菊地　それから練成会で強調しつづけてきたのは、「明るく、嬉しく、楽しく」ということで、光明思想の実行ですね。そういう中で練成会のひとつの伝統ができあがってきたんですね。

そこで立教四十周年を期に飛田給に近代的な鉄筋の道場ができ上るわけですが、これから新たに第二期の練成会活動がはじまるんだという感をふかくします。やはり神様の御心といいますか、実によい時期に新道場ができあがりますねえ。

（この「座談会」は、飛田給道場が現在の円形の建物として、昭和四十四年十一月に新築されたのを記念して開かれたもので『聖使命』昭和四十四年十一月二十一日号に掲載されたものです）

第九章　「練成会」発祥の頃を語る〈座談会〉

「飛田給道場」が開設されて、十周年を迎えた時に開かれた「座談会」を掲載いたします。発祥の頃の様子が生き生きとユーモアを交えて語られている貴重な記録です。

嘉村　私は昭和二十三年にここに職員としてきたんですが、二月一日に過去の多摩保養園がひき継ぎになったんです。その頃はとてもこんな状態ではなく満目蕭条《まんもくしょうじょう》としていて戦場のあとみたいな状態でした。ほこりが一寸も積っておりましたが、十年も経ちますと、こんなにも変ったわけですね。大変妙なところでしたが、今日では皆さんが「心のふるさと」と言って下さる程に変ってまいりました。それでは、練成会第一回の方から思い出を話していただきましょう。

あわて者ぞろい

甲斐（宮崎）「心のふるさと・飛田給」なんて言葉が流行しておりますが、第一回の時に来ましたら、チャカチャカしたのがおりまして、なんてあわて者だろうと思っておりましたら、それが徳久講師なんでね。（笑）もう一人太った人がいまして、ドシンドシンと押しても動かない。（笑）それがこの嘉村講師ですよ。実に名コンビでして、それが魅力だったですね。終戦当時ですから兵隊帰りの連中は元気が余っておりまして、徳久講師が「やれッ」と言うもんですから、地方へ帰ってやりますと相愛会の人と喧嘩したんですね。

嘉村　第一回の頃はこの講堂は板張りでしたね。板張りの上に座って神想観をやったんですから何といっても荒けずりでした。私は家内を郷里に残しておりまして一人だったんですが、朝四時五十分に起きるのが気になりまして、二度も三度も事務室まで時計を見に行ったんですね。三度目に時間だと思いまして放送して「皆さん起きて下さい」とやったんです。ところがヒョット時計を見ましたら、十二時四十分なんですね。（爆笑）それであわてて今度は「皆さん休んで下さい」といったんです。

ところが炊事場の人にはそれが聞えなかった。それで朝飯の仕たくが出来たけども、一向誰も来ない。（笑）そんなことがありました。甲斐さんがさっき、押しても動かぬなんておっしゃいましたが、なかなかどうしてあわてた時もありました。

菊川　（大阪）私は練成会とはどんなことをするのかと思っておったんです。ビシビシやられるだろうと思っておったんですが、徳久講師は「僕は何も準備してないよ、アハハ――」といってるんで、こりゃちょいとおかしいなア思ったですね。全然隠しだてしないいんですね。そこに僕らは引かれたです。

吉田　菊川さんは宇治の練成も第一回でしたね。

菊川　そうです。宇治は草をとったり山を崩したりして大自然の中にとけこむところがいいですね。私が最初宇治に行った時に直井講師という方がおられまして「ちょいと君に紹介したい人がいる」いうもんですから、行ってみましたら女の人なんです。僕は純情ですからね、家に帰ってそのことをいいましたら、おやじがさっそく飛んで行って、その娘さんに逢いましたらね、なかなかいいちゅうんで、直井講師とおやじとで決めてしまいまして、そして宇治の「実相」の前で式をあげさせてもらったんです。

（拍手）

ほこりだらけの建物

嘉村　森さんは赤坂の「神の国寮」の保母としておられて、その当時のことをご存知だと思いますが。

森　私どもは谷口先生御夫妻を魂の父母と思ってお慕い致しておるんでございますが、その先生の人類愛の一つの現われとしてこの建物をお買い上げになられたわけでございますが、実際来て見ますとそれはもうひどく荒れておりまして、ガラス窓は全部くもりガラスかと思ったほどでした。このきたない臭い建物を一体どうするんだろう、一体誰がやるんだろうと人間心で思っておりましたら、高知から徳久講師がお出でになりまして、まるで仙人のようでございました。髭がチョロチョロ生えておりまして、こんな先生で大丈夫なのかナアと思っておりました。(笑声)そして「神の国寮」で歓迎の茶話会を開いたんでございますが、その時の先生のお話は、もうほんとうに谷口先生を尊敬し、職員として選ばれたことの光栄を心からよろこんでおられるんですね。それでこの先生なら大丈夫だと私、僭越ながら思ったんでございます。

その後何度か練成に参りましたが、年々に道場が光り輝いてまいりまして、谷口先生のみ心を徳久講師が御実行されたわけです。それから嘉村講師は徳久講師よりもお年が上であるのに「部長、部長」とお呼びになっていられる、その謙虚なお姿にほんとに心をうたれました。

嘉村　ここの敷地は五千坪あります。建物は千五百坪だと思うんですが、こんなに立派になろうとは思っていませんでしたね、それでは楠本さん。

小使いと間違えられた徳久講師

楠本　私が来ましたのは二十三年の十一月、フトンと大きなリックサックを背負つて、夕方でしたがここの玄関へ入ったんです。そしたらジャンパーを着てモーニングのズボンをはいた色の黒いのが立ってる。「よく来てくれました」といって合掌するんです。「ああ小使いかナア」と思った。（笑声）私は教員をしていましたからね。

「申し込みは何処ですか」というと「どうぞこちらです」なかなか気のきく小使いだ。（笑）その晩一号の部屋に入りました。ベッドでしたね。四時五十分に起きるというのでね。ところが朝目が覚めて時計を見ましたら五時になってるんですね。僕の時計が進んでるのかナアと思ってゴソゴソ顔を洗ったり便所へ行ったりしておりましたら、しばらくして起床放送になったですね。それで講堂へ行きましたら、起してるのが例の小使いなんですね。そしてあやまるんですヨ。「どうも遅くなってすみません。私は元来朝寝坊で、目覚まし時計をいつも二つつけておくんだけども、寝ぼけておってどうもすみません」と言うんです。それが徳久局長なんです。

それを私は聞いてもう帰ろうかと思ったんです。こんな神性開発なんてあるもんかと思ってね、だけど金を払っちまったんですからね。（笑）そしたら今度は将校服の妙なのを着たのが出て来た。どうもここはシミッタレタ所だ、生長の家は無限供給を説いているのに――、それが嘉村部長なんです。それからね、非常に印象に残っているのは、ものすごい恋愛をしている人がいたんです。私を引っぱっては彼女のことばかり話すんです。（笑）私はいつも聞き役でして、それが村田講師です。今では七人も子供がいる。（笑）

嘉村　その頃はここは「生長の家・メンタルサイエンス東洋本部」と言っておった。それはアメリカのハードマン博士のメンタルサイエンスと生長の家が提携して世界の光明化の拠点とするというわけです。最初は「光明実践練成会」と言っておりましたが、あんまり勢いがよ過ぎまして、地方であたりが強過ぎるものですから、それではというわけで今度は信仰者らしいおとなしいのをつくるといって「祈りの会」というのになりました。ところがそれがあんまり軟らか過ぎて、こらあかん、こんな弱々しいのはあかんというわけで、「神性開発練成会」ということになったんです。

〝盆踊り〟をやって怒られる

菊地　私は昭和二十三年の十二月に共産党から転向しまして、『生命の實相』を読んでこれは良いと思ったんです。そしてバリバリ同志を作ろうと考えて党の若い者もだいぶ入れてきましたが、最初は相愛会を作ろうなんて言えない。「生長の家の細胞を作る」（笑）なんて言って、景気つけるため赤旗を歌ったりした。だから北海道の誌友の人たちが、これはどうもうまくないというわけで、飛田給に来たんです。玄関に入って合掌されたのが一ばん心証を害した。なんだこのニセモノと思った。

あの頃は講話は徳久局長が主として話しておった。こっちは分らないもんだから騒いでばかりいた。局長という人は、そういう点非常に敏感らしく、廊下なんかで会うとピリリッとくるんですね。ものすごいファイトがね、ビリビリッとくるんですヨ。ほとに角、随分向う意気の強い人だと思った。織田信長に似ていると言ったことがあります。

僕は嘉村部長が恐かったですね。何もかも知っていてニヤッと笑っておられるんですね。僕は廊下で会う人をつかまえては「あんたほんとに有難くて合掌しているのか」なんて言ってたもんですから、目をつけられたんでしょうかね。徳久局長の講話は僕に話してるみたいなんですね。「唯物論者なんてまったく馬鹿な奴ばっかしだ」なんて話ですヨ。心の中で反発しておったんですが、僕と一緒に来た南好美さんという人が、親に感謝した時に蓄膿症が実際になおった。実際に見せられたもんですから、めんくらいまして、フラフラしておった。そして近所の麦畑の中をウロウロしておった。菊地はちょっと変になったといわれましてね。その頃ですよ、僕がドモリになったのは。今までの考えが全部間違っていた。物質なんて無いんだというんで、ものが言えなくなってしまったんです。
そして盆踊りをやった時ですね。十時過ぎてからみんな寝てるのをたたき起こして盆踊りをやった。その時に局長から怒鳴られましてね。「やめろったら止めろっ」とね。それで「今怒鳴った奴は誰だ」というと、「徳久先生だ」「何ッ」というわけですね。「だいたい徳久先生は朝から何と言った。神は愛也と何べんも言ったじゃないか。それが怒鳴るとは何事だ！　どういうわけで怒鳴ったか聞きに行こう」というわけで行ったんです。（笑）
ところが行きましたらね、局長は涙を流して神想観をしているんです。そしてその時のお言葉に「谷口先生は徳久ならもうどんな人が来ても怒鳴るようなことはないだろうと信頼してここをまかせて下さっている。それを私は怒鳴って谷口先生にも申し訳なかった」というんですね。涙をポロポロ流してね、「谷口先生のみ教えが悪いんではない、私が悪かったんだ」というんです。
その時に僕は何とも言えない大きな気持にふれまして、「ああ指導者というのはこれだ！」と思いました。そして引き続き練成を受けたんですが、まあその間にいろんなことがありました。二万円盗られたこともありました。盗られたのを知らずにね。ところが、盗った人がね、毎日毎日アイスクリームやなんかを買って御馳走してくれるんですヨ。「この人いい人だね。（爆笑）ありがとうございます」と言っておったんですが、その人に僕は金を盗られてた。（笑）そんなこともありました。そしたら事務室で弁償するというんで、北海道へ帰ってからお返ししますと言うと、「返すんなら、やらないヨ」という。何というか〝男の愛情〟というものを感じました。それが感激した一つです。

嘉村　なかなか愉快な話ですね。昭和二十四年の八月に、メンタルサイエンスのハードマン博士が来ました。その時に印象に残っているのは、ハードマン博士に花輪をあげられた方が、三歳から小児ぜん息でどんな医者にかかってもなおらなかったのが、ここに来た途端にピタリッと治った。十六歳になった娘さんでしたがね。ここに入っただけで、何で治ったかわからないんですね。その人がハードマン博士に花輪を上げました。振り袖を着てね。盛大に歓迎しました。その年の十一月に飯野講師が共産党から転向して来ました。熱海の和田さんもその頃です。

和田　私どもはこの飛田給でいろんなお蔭を受けております。私の長男が思想問題で学校を退学させられるかどうかということになった時、私はどうしていいかわからず、学校の校舎のまわりを夕方ぐるぐる回っておったんでございます。その時にフッと浮んだのが、この道場のことでございます。そして息子をお世話していただきまして、もうほんとに立派になって帰って来たんでございます。それで私も来たくなりまして、ちょうどハードマン博士がおいでになった時に、私も来ておりました。

その頃はまだひらけておりませんで、まだオバケが出るなんてことを言っておりました。私はもううれしいことばかりを持って帰りまして、四人の子供を次々とここへ送り、最後に主人もここへ参りました。そしてこの度十周年になるとお聞きして、何はさておいてもお祝い申し上げたいと存じまして参じましたのでございます。

菊地　和田さんの息子さんは一夫さんと言われまして、大学時代に共産党の学生連盟に入って活動しておった。お母さんは「うちの息子はよく勉強する」と思っておったら、そっちの方を勉強しておった。それで退学処分になろうとしたわけですね。そしてここへ来て父母に感謝するということがわかってお帰りになった。今では熱海市で食料品のデパートをやっておられて、ますます隆盛でございます。また、日本一の娘さんと、矢張り飛田給出身の方と婚約されました。

わが子の後姿を拝む

嘉村　飯野講師の奥さん、お見えになっておられますか。

飯野　私が最初この建物を見せていただいた時には、下駄ばきで廊下を歩いておりました。するとワーッと言って飛び出して来た人がありますから「どうなさったんですか」と言いますと「こんな大きなねずみがいた」と言うんです。もうまっ昼間からねずみがうろうろしておったようでございました。私の主人も菊地先生などと同じように共産党に入っておりまして、御本の話を致しましてもとても歯が立ちませんので、自分だけで一所懸命にやっておりました。ちょうどどこがメンタルサイエンスというあちらむきの名前でございましたので、「お父さんメンタルサイエンスの講演を聞きに行きませんか」と申しまして、昼間講演を聞いて夜映画に行くという約束で参ったんでございます。

講演の時にいねむりされたら意味がないと思いまして、主人は速記が出来るもんですから「お父さん、後でみなさんに話して聞かせるから速記して下さいな」と頼んだんですね。「それくらいのことはやってやるよ」と言ってして下さったんでございます。しめたと思いまして、終ってから「お父さんどうでした」と申しますと「あんなことくらい知っておるヨ」というんですね。駄目だったかと思っておりましたら、その翌朝「僕は昨晩一睡もしないんだヨ。もう次から次からあの講演が浮んできて、そして浄書してしまったんだヨ」と言うんです。よかったですね、と言って、それから二、三ヵ月してどうしたことか「僕、道場へ行ってくるよ」と言いまして、十一月の二十三日に来たんです。

　そして翌日の二十四日に息子を使いにやりましたら、息子が帰って来て「お母さん、お父さんは変ってるよ」というんですね。それで二十五日に私が訪ねて行きまして、「お父さんが変ったと言ってましたよ」と申しますと「そうか、矢っ張り変ったか、僕はあれが帰って行く後姿を、こうして合掌して見送ったときに、今まで自分は子供を怒鳴ることしか知らなかった。それがこうして今子供を拝めるようになったと思ったとき、僕の瞼に涙が浮んで子供の後姿がはっきり見えなかった」と話してくれたんですね。それから当時日本製鋼が二カ月間ストをやりまして、主人がその親玉で、いの一ばんにくびになりましてブラブラしていたものですから、毎日のようにこの道場へまいっておったようなわけでございます。子供たちもみんなこの道場へまいりまして、私ども家中がこの飛田給を心のふるさとと思っておるのでございます。

肋骨カリエスが癒る！

嘉村　それでは二十四年はこれで終りまして、その頃は練成は二週間で一カ月に二回ございました。二十五年に尾道に練成会がはじまりまして、一日から十四日までになりました。それでは二十五年頃いらした方いませんか……。

会員（福島）私は病院に入院しておりましたんです。肋骨カリエスだったんです。先生は二本ばかり骨を取れとおっしゃったんですけど、それよりも生長の家の道場へ行きなさいと誌友の方にすすめられまして、随分荷物を背負って夜行でやってまいりました。玄関につきましたら、みなさんが大きな声で「ありがとうございます。ありがとうございます。」と言って下さったんです。そして有難い御講話をいただき、一週間で病気が癒ってしまったんです。

帰ってどうだろうと思って病院へ行ったんです。そしたら先生が「あんた東京のいい病院へ行ったんですか」と言ってびっくりしてるんですね。「いえね先生、毎日毎日ありがてえ、ありがてえと言っておりましたら良くなったんですよ。生長の家ではそんな人が沢山いるんです」と申しましたんです。

それから、私の家は娘に養子をもらったんですが、二年ばかり、気が合わなかったんです。ところがこの練成に来まして感謝の手紙が来たんです。それで私は「父ちゃん見て下さい、何百万円もらうよりも、この息子の手紙がありがたい」と言いましたんです。それから五へんばかり来まして、この度は十周年で先生方みんな集るというんで、やってまいりました。

中山（新潟）私は二十五年の十一月にまいりました。来る時に私は相愛会長さんに挨拶しましたら「あんたあんなところへ行くんですか。あそこは不良青年の行くところで、普通の人の行くところではない」と言うんです。それでも私はまいりまして、もうここで救われ、それからは年に一度は来たいと思ったのでございます。このたびは六回目でございます。私は高校二年の娘がおりますが、この娘は中学三年のときから続けて夏休み練成会にまいっておりまして、現在では親子ともどもよろこびの生活を送っております。

嘉村　昭和二十五年には、奥田講師（第一回生）がここで結婚された年であります。

奥田　それでは結婚のことを——第一回のときに一緒だったんですヨ。結婚式はここで致しました。この「実相」の前でやりましたが、非常にいいもんですヨ。これからやられる人はここがいいですね。新婚旅行でここに来る人もありますが、まあ生長の家の人と結婚すると非常に楽ですね。絶対に怒らない。家内の方は生長の家の二世ですからね。元気で寝たことないんです。まあお産の時は寝ました。（笑）無痛分娩ですヨ。信仰が身についてましてね。どうもおノロケを申しまして……どうぞ生長の家の人と結婚して下さい。

嘉村　二十六年に記念バッジを作りました。この銀バッジはふくらみがありまして、私どもは、「この人は練成を受けた人」とすぐ分ったですね。八月に九州大学で精神科学研究会というのが出来まして、徳久博士が奥田講師をともなって行かれました。またここに「幸福科学研究所」というのがありまして、音波洗濯器を発明しました。それから二十六年の方いますか。

宮岡（福岡）宮岡ふじえと申します。一ばん記憶に残っていますのは、最後に茶話会をやりまして一芸ずつ出すことになったんですが、そのときに嘉村先生が歌をお歌いになりまして、それがあんまり高尚なものではございませんようでしたけども、それを一所懸命歌っておられた。それを見まして何事をするにもこのくらいに真剣にやらなければならないナアと、今でも心に残っております。

嘉村　どうも妙なところがお目にとまりまして（笑）。昭和二十七年に「第一回青年特別教修会」というのが開かれて、ここに七百人泊りました。人があふれるようでした。この年の七月に、徳久局長が空路南米に旅立って十二月に帰ってまいりました。

佐藤（福岡）二十七年、高校を卒業してその年に来ました。それから毎年一回ずつ来ております。

「生長の家祝福班」の成立

嘉村　二十八年は「祝福班」が出来ました。吉田講師お願いします。

吉田　二十八年という年は非常に若手層が集まったんであります。前執行委員長小路さん、今の加藤さん、岩橋さん、それから『理想世界』編集室の松木さん、『聖使命』編集の大峡さん、谷道さん、女子では事務室の金谷さん、宮崎さん、図書の飯田さん。現在活躍している人々がこの年に一挙に来たわけです。

私は禅宗のお寺にいまして座禅をやっておったんですが、以前読んだ『生命の實相』を思い出しまして、この練成道場にまいったわけです。とびこんで来た。そして事務所で自分の心境をとうとうと述べたら、そこにいたのが楠本講師でしてね。私が何をいっても「それはすばらしい、それはすばらしい」というんですね。こいつ聞いてるのかなあ。(笑)そして徳久局長が集団指導をやっているというんで部屋に入ったんです。そしたら局長がジロッと見て「ここは金がいるんだ」というんですね。私は坊主でしたからね。托鉢をやるんだ、といいましたら、それでは置いてやるというんです。こっちは初めから居るつもりで荷物やなんか送ってしまっていたんです。それが青年大会の直前でした。

その時に青年運動というのは理論だけではなしに、何か実践が必要だというんで、局長が私を呼んで、三人組みになって聖経を読んで一軒々々祝福して歩く。そういうのをやったらどうかというわけでやったんです。

ところがみんなあがっちゃって、昼の日

中に「こんばんは」。（笑）それから面白かったのは、徳久局長と私と、ブラジルの松田巳代志さんとが行ったときに、ある家に行きましたら夫婦喧嘩のまっ最中なんです。そこへ行って「汝の夫又は妻に感謝せよ」とやったもんですから夫婦喧嘩が止まっちゃった。（笑）

もう一つ特に印象に残っているのは、九州の水害募金に大きな旗を立てて銀座に行った時です。その時、銀座で祝福やっておりましたら二階から千円札が五、六枚降ってきた。……いや百円札だったかナ。（笑）やっておりましたら。巡査にとりまかれまして、カンカンに怒られまして「この銀座のまん中はいまだかつてプラカード立てて歩いたことはない。一番交通がはげしいんだ」と、ものすごい権幕なんです。それであやまりましてね、巡査の肩をポンとたたいて「規則はそうかもしれないが、今、世の中の青年たちはマージャンやパチンコやダンスにうつつを抜かしているんです。ところが生長の家の若い人たちは地上天国実現運動として、本当に人の家を祝福しているのを、あんた個人としてどう思いますか」と言いましたら「いや私も実は感心しているんです。まあ適当にやって下さい」というわけで許してくれたんです。そして最後に朝日新聞に寄って、九州水害の献金をして意気高らかに帰ってきました。もう一つ感激したことは、その時の練成会に銀座の顔役が来てたんです。その人が「わしは祝福なんか行くの嫌だから、後楽園に野球でも見に行こう」といって先に出てしまった。ところが私たちが八重洲口で整列していましたらその男にバッタリ会ったんですね。それで「よう、君も行こう行こう」と言ったら仕方なしに参加したわけです。そして祝福して歩いてたら、ところもあろうにその男の組が警察にあたった。見たら日頃世話になっている刑事がいる。逃げ出すわけにもいかず、やけくそになって聖経を読んだというんです。そしたらその刑事が涙を浮べて自分の顔をじっと見ているというんですね。それを見た途端に何ともいえない気持になって、終って帰って来てからみんなの前で泣いて懺悔したんですね。こういうところに「祝福班」のなんともいえない素晴しさがあるんですね。

嘉村　昭和二十八年には、十月に「児童福祉光明班」というのが出来て一ヵ月訓練を受けた人たちがあります。二十九年にはスター・デーリーが来ました。そして徳久局長とともに全国を講演して歩いた。六月に地方練成部が誕生し、私と楠本講師がこの地方練成会で一年中全国を回りました。そしてその年の九月に宇治の練成道場がはじまったわけです。吉田講師が主事として赴任されて今日に到っているわけであります。

八月に菊地講師が青年部長として飛田給に赴任。三十一年に谷口清超先生の随行として徳久局長が沖縄へ。六月に再び清超先生と徳久局長が南米へ、十月に帰られました。三十二年にブラジルから長期練成留学生として、高保、滝浪両君が派遣されてきました。十一月に長崎に練成道場が開設されて、村田講師が赴任されました。だいたい以上が十年の歩みであります。今、ご感想がありましたように第一回の時の意気がよみがえって花々しくやろうという、初心に帰って大いにやろうというのが、今回の「十周年記念練成会」であります。それでは時間がまいりましたのでこれで終ります。有難うございました。

（昭和三十三年五月に開催された「十周年記念練成会」における座談会。『聖使命』紙昭和三三年五月十一日号より）

第十章　「飛田給道場」と私

「道場」初期の人々

富士河口湖練成道場総務　奥田　寛

昭和二十三年一月から東京青年会の三代目会長（現在は委員長）をしていた私に、徳久克己先生からお電話がかかり「許可がおりず、汚れている生長の家産院の大きな建物の掃除献労の希望者を募ってほしい。昼は学生は通学し、社会人は通勤してよろしい。朝と夕方は皆で清掃をしてもらい、夜は僕がスバラシイ生長の家の話をするから……」当時配給制であった米や、寝具は各自持参、一週間、朝は五時から夜は八時半から神想観と聖経読誦をする、という条件である。

希望者を募ったところ、男七名、女七名計十四名であった。ラッキーセブン、七は完成の数と徳久先生は大変よろこんで下さった。満州帰りの徳久先生の夜の熱血の愛国御講話、また御専門の「性問題講座」に青年たちは、湧きに湧き大感激。「光明生活実践会」と名づけられた此の清掃献労の二回目は、参加した青年側から申し出て開催されたのであった。昭和二十三年三月のことである。奇しくもこれが今日の「神性開発練成会」の先駆となった。その年の五月、全国の青年たちに呼びかけ、第一回の「光明実践練成会」が開催され、谷口雅春先生、輝子奥様がご来場下さった五月二十九日は飛田給道場の記念日となっている。

閑話休題――飛田給道場初期の頃の先生方には、それぞれふさわしいニックネームがつけられている。先ず徳久克己先生には「トラクター」（大開拓者）、嘉村俊熙先生には「地ならし」、橋本健先生には「霊界人」（魔女の靴？　をはき空中遊歩的歩き方をなさった）、村田圭介先生には「良寛さん」（ぴったり）、私、奥田には「石臼」（尻が重い意、今は多少軽くなっている）。

尚、飛田給初期の頃は自給自足的であって、農作物は勿論、広い五千坪の敷地内にはニワトリ、豚、アヒル、山羊などが飼われていた。今は亡き飯野晃次講師はシャレッ気ある面白い先生であった。曰く「此の道場で飼っている動物たちはみな悟っていて、われわれを導いてくれる。ワカルカナ！」彼、飯野先生によると次の如くである。

「ニワトリは、ここ結構、ここ結構、ここがこのまま極楽浄土と教えている。アヒルは、むっがー、むっがー（無我）、我をとれ、我をとれ、と。山羊は、食堂のソバで、いつもウメー、ウメー、どんな食事でも、感謝でいただけば美味いんだぞ！　と。豚は反面教師で、いつも、ブーブー、ブーブーと云っている。お前たちは、ブーブー、ブーブー、不平不満ばかり云っていてはいけないぞ、と逆説法してくれているのだ」と。呵々。

「長期練成」の第一号

宇治別格本山総務　楠本加美野

肺結核になった私は死の恐怖におののいていた。その時、「生長の家」にふれた。昭和十三年十一月であった。『生命の實相』を夢中になって読んでいたらいつの間にか病はいやされていた。「生命の実相」による教育をしようと教育者になった。現実は難しかった。教室で「生命の実相」を教えることが困難であった。その為学校を休んで練成を受けることになった。昭和二十三年十一月、第一回神性開発練成会に参加した。当時の道場（その建物は現在、富士河口湖へ移築）は広々とした畑の中にポツンと建っていた。米とふとん（その頃はふとんは各自持参であった）をもって玄関へ入った。合掌して「ありがとうございます」と出迎えてくれた。（後でわかったが徳久先生であった）

一週間の予定が延期して二週間全期、練成を受けた。その後は十五日から三十日まで練成があったので私は土曜、日曜と一泊で練成をうけた。十二月は毎週練成をうけたわけである。一月一日から二週間の練成を再びうけた。

練成をうける前、十年間信仰していた。生長の家が好きだったので毎日曜、赤坂の道場へ行って谷口雅春先生のお話を聞いていた。又新年には毎年三日間の講習会をうけていた。それだけでは満足できず、教えを行ずる道場を願っていた。飛田給での練成はその願いを満足させてくれた。

一月元旦の午前〇時「祈りの間」で私の使命を教えて下さいと祈った時、御教えに捧げる決心ができた。当時、私は向丘高校の教員をしていた。その頃は東京は住宅不足で住む家もなく、夜は教室の机を並べて寝床の代わりにしていた。

飛田給には空室が沢山あったので〝空室に長期練成員をおいて下さい〟と徳久先生にお願いした。すると「君はいてよい」と許可がでた。私は自分もいたかったが、生長の家の指導者を養成するために長期練成を提案したのであったが、私が長期練成の第一号になったわけであった。次に長期練成になったのが奥田先生（現在、富士河口湖道場総務）であった。全国の幹部の中には飛田給の練成出身者が多い。こうして飛田給の練成会は光明化運動に大きな影響を与えている。

私は飛田給から調布中学校に通勤していた。生長の家道場のある調布市を光明化するために向丘高校から調布中学校に転勤したわけであった。その目的をより成果をあげるためには中学校の教員として奥田先生に来て貰いたいと思って、奥田さんを夜訪問して話した。その頃、奥田さんは大学で講師をしていた。何の躊躇することなく賛成して飛田給の小学校に転勤した。そのため長期練成となったわけである。

それから続々と長期練成員が集まって来た。

後で理事長になった吉田先生も当時の長期練成員であった。

今でも時々これらの人たちが集まってくる。

寝食を共にして修業した同志はいつになっても懐かしいものである。あれから五十一年たった。徳久先生が今も尚元気で活躍して下さっていることが私達一同にとって何よりの喜びであり励みになっている。

練成会ではじめて聖経を朝晩読むようになった。それ迄は生長の家の集まりで神想観は実修し

てはいたが聖経を読むことはなかった。今では五時十分の神想観は全国的に実修されるようにな
ったがそれ迄は講習会、講演会の時だけ神想観の実修が行われていた。
今では合掌して「ありがとうございます」と挨拶することが当たり前になったがその当時は特
別の時に特別の人がやるだけであった。
こうして飛田給の練成会は全国の誌友の信仰生活に大きな影響を与えている。

「飛田給」あったればこそ

福井教区教化部長　佐野一郎

先日（編者注・平成十二年三月）、久方ぶりに富士河口湖練成道場に出講の機会に恵まれた。春
まだ浅き三月上旬のことで、当日は快晴に恵まれ、天下の名山富士のお山も、山頂に純白の雪を

かぶって誠にも秀麗そのものであった。十四、五年前、山梨県の教化部長だったこともあり、見馴れている筈の周辺景色だが、どういう訳か、その日はやたら新鮮に見えるのであった。(やっぱり、ボクの心が常に新鮮だからでしょうか?)

県道から、ちょっと脇に入るだけで、喧騒の世界から離れた聖地、富士河口湖道場がある。昔ながらのひなびた建物で、さしたる美術建築とか、近い将来、国宝に指定される予定もない様だが、玄関から一歩足を踏み入れただけで、何とも言えぬ聖気と、懐かしさがこみ上げてくるから不思議だ。ならば何故に? と問う人々のために、その理由を記さねばなるまい。

移築の際、多少手を加えられたとは言え、この建物こそ、今の円形鉄筋建築の飛田給練成道場の前身であり、これまで、幾多の人材を輩出し、また幾千、幾万の人々を救ってきた魂のふる里だからであろうか? ボクがこの聖地の門を叩いたのは、戦後の混乱からようやく立ち直った日本の各地から、復興の槌音が高らかに鳴り始めた、昭和二十八年の十二月頃であった。

当時は未だ死病と恐れられていた肺結核に冒され、余命いくばくもないと宣告されたボクは、起死回生を求めて道場の門をくぐったのだった。そのせいもあってか、自分で言うのも何だがボクの求道姿勢は誠にも真摯なるものがあり、純粋そのものであった。何しろ、神を想い、〝神さまー〟と唱えるだけで、つぶらな瞳からこぼれる珠玉の涙が、果しなく双頰を伝わり落ちるほどだったから……。

行も、どちらかと言えば易きよりも至難を選んだ。なるべく人が避けたがる、ストーブ炊きとか、風呂沸し、肥え汲み、煙突掃除等々であった。中でも、一月、二月といった厳寒のストーブ係は辛かった。何しろ四時五十分の早朝行事に間に合うためには、四時頃には起きねばならず、喀血で衰弱しきっていた肉体には、一見過酷な労働だった。しかし、信の力は恐ろしい。谷口雅春先生の肉体ナシ、病ナシのこの教えは絶対の真理なりと確信する奉仕行は、微塵の気後れもなかった。そのお蔭で日々健康を取り戻し、三途の川辺から引き返す事が出来たように思う。

今と違って、あの頃の練成受講者や、長期練成員には、奇行者も多かった。そう言うお前も随分変わり種じゃないかと言う人もいるが、ボクなんか、足元にも及ばない変人、奇人がワンサと居たのも思い出の一つでアル。

天水塔のてっぺんや、風呂場のフタをした中で笑いの練習をする者や、廊下ですれ違いざま人の頭をコツンと叩いておいて、〝痛い〟と言うと、〝肉体はナイんですよ〟と言う者、或いは、食事の祈りの時に、人のサンマを取り乍ら、〝物質は本来ナイんだ。有ると思うから執着する〟と説教する者等、多士済々であった。

今にして思えばあの当時、躰は弱かったし、金はナシ、うまい物も喰えなかったナイナイづくしの時代であったが、あの時節があったればこそ、あの道場があったればこそ、そして、人材養成の名伯楽、徳久克己先生の薫陶を受けたればこそ、今の自分があると心から感謝せずにはいられない。創立五十周年を迎えた飛田給練成道場が、今後も益々多くの人達を救う魂のふる里として、未来永劫に発展する事を望まずにはおられない。

“もの言わぬもの”に学ぶ

兵庫教区教化部長　妹尾壽夫

「飛田給道場」といえば、ここで学び修業した多くの人々と共に、私もまた数え切れない教訓と思い出を胸一杯にたたえて、生きている者の一人です。

私が居た頃の飛田給道場は、今は河口湖練成道場になっています。その移築工事を請け負った光明建設の四方社長の話によりますと、「古くなった飛田給道場は解体処分にして、新資材によって新築にした方が費用も安く、時間も早く出来上がります」と再三に亘って谷口雅春先生に申し上げたそうですが、お聞き入れにならなかったそうです。その理由を四方社長は言ってくれませんでした。

しかし、その理由の解る日が来たのです。それは谷口雅春先生が河口湖練成道場に於ける「栄える会」の大会の御講話の中で、「この道場の一本一本の柱に、天井の板に、そのほか一切のものに救われた喜びがしみこんでいるのであります。古くなったからと云って捨て去るというわけにはいかないのであります」という意味のことを冒頭にお話しになりました。

私などは、すぐ古い物体という見方をしてしまうのでありますが、先生から御覧になりますと、それは救われた者の喜びの結晶であり、救いの真理そのままの表現体であったに違いないと拝察いたしました。道場とはそのように尊く、素晴らしいものだと改めて思い直し、懺悔したのであります。

私は飛田給道場で、初めにニワトリの飼育係を命じられました。ニワトリは飼育係が交替しますと、産卵率が必ず落ち込むのです。それでも愛情をもってエサをつくり、鶏舎を掃除したりして一所懸命、世話をしていると徐々に卵を多く産むようになります。

ニワトリを飼うのが、将来何のためになるのかなあと、そんな疑問が頭をよぎるとき、徳久先生の御講話がそれに答えるかの如く耳にひびいて来ました。

「ものを言わない動物の面倒が立派にできてこそ、人間の指導もよくできるようになる。豚を飼わせると豚がやせる、金魚を飼わせると金魚が死ぬ、ニワトリを飼わせれば卵がガタ減り、こういう人間は人間を相手に仕事をさせても決してうまくいかない」と。

今はもっぱら、ものを言う人間相手の仕事ばかりとなりましたが、あの時、ものを言わぬものの世話にもっと心を尽くしておくべきだったと思う昨今であります。わが魂のふるさと飛田給道場に永遠の光栄あれ！

教職を辞め「飛田給」に

富士河口湖練成道場練成課長　宮本十郎

飛田給道場へ行く前は北九州市で中学校につとめていました。生徒との間はうまく行っていたのですが、年に一度いやなことがあり、それは先生達がストをやり、生徒を校長先生にまかせて、大勢集まって気勢をあげるのです。

そのことが始りかけるとどうしてか、弁当がノドを通らなくなるのでした。それが毎年……どうしたものかと思っていましたが、或る時、大きなお寺に集まり、いろいろと議事が進んだあと、「何か質問のある人はいませんか」と言うので私はフト立ち上がり、日頃思っていたことを言ったんです。

「私達は平和を愛する青少年をつくると言いながら、こんなことをしていて、それが出来るとは思えません。云々」と……。アラッと思いましたが言ってしまったので、どうしようもなく、そこに居るのが不安になり会場を出てしまいました。

そのことがあってから、学校で、いろいろのことがあり、最終的には学校を辞職することになりました。そうなったことを以前より文通していた宇治の楠本加美野講師に知らせたのです。そしたら、「宇治に来たら……」と言うことになり、それが飛田給に変わり、昭和三十四年四月に道場に行くことになったのでした。北九州の駅を出発するとき、校長先生が一人見送って下さったのをおぼえています。

夫婦で道場に入り、家内は炊事、私はいろいろの事をし、今、総本山の岡田総務とは光星寮の同じ部屋でしばらく暮らしました。

豚の世話もやり、二、三日おきに豆腐屋にオカラを買いに行ったものです。そのころ道場の周囲は麦畑の拡がる農村風景で、野道を自転車で行きました。豚を飼って感じたことは「綺麗好き」ということです。美しくしてやるとよろこび、なついて来ます。足音を知っていて寄ってくるのでした。

さて私は時々、裏門から出ては自転車でその頃まだ武蔵野の面影が残っていたあちこちを随分と廻ったものでした。特に春の芽立ちやモミジの頃はスバラシク、自転車を止めては、田の畦や林の脇に坐って、時の経つのを忘れたこともありました。

そして、そのことは誰も知らないと思っていたのです。いつか徳久先生がみんなの前で、宮本さんはよく裏門から出て自転車で散歩しているらしいね、と笑いながら言われた時はドキッとしました。

〝人生〟を決定づける

生長の家総本山総務　岡田　淳

私は昭和三十四年の五月、田舎の高校を卒業して間もなく、十八歳のとき、飛田給の門を入りました。思えば、あれから四十二年を経た事になります。まさに一生の方向を決定したのが、飛田給の道場だと言うことです。

色々な思い出が、沢山あります。今、こうしていても、走馬燈のように、いろいろな光景が目の前を走っていきます。

一般の練成会を受けて、いよいよ、飛田給の道場の一室に、住むべき場所が与えられ、練修生の補欠でしたが私は道場に残る事になりました。その夜の神想観の時、何故か理由の解らない涙があふれ出てくるのでした。

初期の私にとって、忘れられない人は、今、河口湖道場で講師をして居られる宮本十郎先生です。同室で生活を共にしながら、導いて頂きました。一緒に、道場の門をブロックとセメントで作った事がありましたが、私はよく居眠りをしたらしいのです。その傍らで、宮本先生は黙々と仕事をしておられました。

「お前は二人で門を造ったと言っているが、造ったのは宮本先生一人じゃあないか」と仲間に笑われたものでした。私は一度も起こされたこともなければ、注意されたこともありませんでした。宮本先生はそういうお方でした。

その頃の飛田給道場では、祈り合いの神想観、浄心行、実相円満誦行、先祖供養祭などが、谷口雅春先生のご指導を受けながら、形造られていっていました。次第に、練成会というものの内容が充実していきました。何とも言えない活気が飛田給道場にはありました。私はあの頃の道場で修業できたことを誇りに思い、その私が、人格形成の上で、最もよい二十歳前後であった事を嬉しくおもいます。

徳久克己先生の存在は、言葉では言い表せません。

谷口雅春先生の偉大さは、後々になって次第に解ってまいりましたが、当時の若い私に解ろうはずもありませんでした。しかし、あの徳久先生があのように尊敬している、谷口雅春先生とはどのように偉いお方なのだろうと思いました。つまり、徳久先生を通して、谷口雅春先生の偉大さを見ていたようなところがありました。弟子としての生き方を私どもに教えてくれました。

比較すべき他の教えに関する知識もなく、まっすぐに飛び込んで行った飛田給は、間違いのないものを、私にくれました。それどころか、私の人生を決定づけてくれました。感謝しています。

もし「練成会」がなかったら

埼玉教区教化部長　栗原之夫

もしこの練成会がなかったら、参加しなかったら。これはオーバーでも何でもない。それまでの自分からは想像もつかないくらいの人生の転換点になった。

昭和三十三年高校三年生の夏、母の熱心な薦めではじめて飛田給で行われた四泊五日の「夏季高校生練成会」に参加した。

今から思うと母は当時の小生の荒れた生活態度を見るに見かねて、何とかしてこの練成会に参加させることで生き方を変えさせたかったのであろう。母の薦めは毎朝顔を合わせたときから始まる。あまりの熱心な薦めに、気乗りのしなかった小生もついに屈してしまい(?)参加することにした。気乗りのしなかったというのも、わが家での生長の家の教えは母からはじまり父に、そして姉に、次に妹へと、みな母の影響を受けて入信していたので、早朝からお祈りや合掌しながら〝ありがとうございます〟という生活を見聞きしていたからだ。

しぶしぶ行くことに決めた途端、よろこんだ母はすでに用意してあった新しい着替えに奉納金と米四合、それに講話や黒板が良く見えるようにとの思いからか、眼鏡を新調してくれた。それらの荷物をカバンに詰めて飛田給道場へと向かった。

道場の入り口の看板には、「生長の家神性開発本部練成道場」と大きく表示されていた。玄関に入り受付けを済ませて、宿泊室で荷物の整理をしていると、スピーカーから案内放送があり大講堂へ向かった。大講堂には参加した高校生が四〇〇人ほどいたが、みんな自分とは生きる世界が違うように見えた。

大講堂の正面演壇の左右には、左に「真理への道はただ一つ『人間は神の子だ』ということである」、また右には「愛国心は親孝行の発露から」と大きく書かれ、垂れ下げてあったのが今もハッキリと脳裡に焼き付いている。

練成会では初日と二日目はあまり真面目に行事には出なかった。三日目も前日の延長で行事に出るというよりも何となく大講堂に入った。大講堂ではすでに講話が始まっており、みな真剣に聞いていた。最後列の壁にもたれて聞くともなく聞いていた。が、突然耳に飛び込んできたのは〝親孝行〟という言葉であった。それは、すべての原点は親に感謝することから始まる。親がいかに大切な存在であるかなどというような内容の講話であった。

吸い込まれるように聞きながら、親がいかにありがたい存在であるかということをひしひしと感じつつ、その講話を涙しながら顔をグチャグチャにして聞き入った。そして子どもの頃から受けた母親の恩愛を思い出し、計り知れないほど大きいものであることに気が付き、感謝の思いと、その母親の愛情を無視してのわがままな反抗的行動を心の底から反省した。

その講話が終った瞬間、気が付くと眼鏡を掛けずに大講堂の最後列から黒板に書かれた字がハッキリと見える。近視が治っていた。

新調した眼鏡は「祈りの間」に置いて、生涯この教えで生きることを決意し感謝しつつ帰路についた。

念願の「練修生」として

千葉教区教化部長　泉　英樹

昭和三十五年の四月、私は練修生として念願の飛田給練成道場に入道した。夢にまで見た尊師・谷口雅春先生も、父の恩師である徳久克己先生もそばにおられて、それだけで毎日が嬉しかった。

当時、道場周辺は色濃く武蔵野の面影を残していた。周囲はのんびりとした田園の中にあって、初夏の頃などは黄色く色づいた麦畑が一面に道場を囲んでいた。遥かに京王電車が眺められ、練成会が始まると道場員が大きな聖旗を持って、電車から降り立つ受講者を迎えるのが見られた。

道場に入った最初、私達は大部屋住まいだった。確か五、六人が一組となって浴室横の大部屋で生活していたが、部屋の正面の壁に、

「道場員は神様と総裁谷口雅春先生と練成会参加者を繋ぐ、愛のパイプである」

と云う言葉が墨痕あざやかに大書して貼られていた。その言葉が非常に印象的で、いつまでも

私の心に残った。

数年後、練成会に携わらせて頂くようになり、司会や色々の係りをするようになったとき、この言葉は貴重な指針となった。

当時の道場責任者であられた徳久克己先生は、練成会の開会の挨拶で、よく、「われわれは風呂屋の三助みたいなものです。真理のコトバで皆さんを洗ってあげると、皆さんが勝手に悟り、実相が現れて勝手に良くなっていくんです。われわれは愛念でお世話をさせて頂くだけで、わたしが三助の親分です」とユウモア混じりに話されていたが、練成会でお世話させて頂くうちに、そのコトバが非常に深い意味をもつものである事を感じるようになった。奇蹟的な体験が現れるのも、神様の癒しの霊波と、受ける人の切なる願いとが、お世話をする講師や道場員の愛の媒介で一つに結ばれた時、忽然と起こる事を幾度も体験した。練成会ではお世話する人達の深い愛が如何に大切であるか、つくづくと知らされた。

今もそうだが、道場の玄関を入ると先ず、「神は愛也」の大額に直面する。人生に疲れ、悲運に打ちひしがれてやっと道場に着いた人々が、この額に面して如何に救われた事であろうか。私が道場に入って三年目の頃だったか、送迎係をしていた時、一組の夫婦が、救われたお礼に練成会に来られて、玄関に入るや額の前で感謝の涙を流しながら、いつまでも祈り続けて居られたことを思い出す。まことに練成会は神様の愛の曼陀羅である事を学ばせて頂いた。

〝銀杏の木〟のこと

宇治別格本山神癒祈願部長　榎本恵吾

緑の杜《もり》に囲まれし
我らが心のふるさとは
聖なる地なり天に地に
我ら抱かれ育ちけり
ああ我ら栄光《はえ》ある
栄光《はえ》ある我ら練修生

これは昭和三十四年から飛田給練成道場にあった練修生の愛唱していた歌の一番の歌詞である。私はその練修生の昭和三十六年度の第三期生であった。一期生には現在生長の家総本山総務の岡田淳先輩がいて、作詞は岡田先輩がした。曲は私も含めて何人かで、勝手にてんでに歌ってそれをつなぎ合わせて出来たものである。

当時の飛田給道場は檜の緑に囲まれていたし、周囲は畑が広がっていて武蔵野の面影を残して、ケヤキの多い杜があちこちに点在していて、やはりこの道場は緑の杜に囲まれているのであった。もちろんここで言っているのは、現在の建物ではなく河口湖道場に移築された旧い道場のことである。

緑と言えば、飛田給道場内の大きな銀杏の木を切ったときのことを、故吉田武利先生が練成中によく話しておられたのを思い出す。この銀杏の木があまりに大きくて、日陰になって暗いので、尊師谷口雅春先生にお許しを得て切ることになり、道場員数人で伐って片づけたのである。

そして、尊師ご夫妻が道場においでになったときに、その大銀杏の伐採に関わった道場員を切り株のそばに並ばせて、意気揚々と「この人たちが伐ってくれました」と谷口雅春先生に申し上げたところ、谷口先生は切り株を撫でながら、「とうとう伐ったたか」とおっしゃったかと思うと、ポロポロッと涙を流されたとのことである。

この光景を想うとき、ただ緑が失われると人間のためによくないからというような、今盛んに言われている自然破壊というようなことを超えて、一本の木にもいとおしさと深い愛情をもっておられたのだなあとあらためて谷口雅春先生の最も美しくも聖なるお姿を想うのである。この光景一つがあったことだけでも、飛田給は〝聖なる地〟ということになるのではないかと想うのである。

飛田給のことは胸一杯の想いがありながら、いざ書いてみると一つ、二つでもどかしい限りである。

私にとって「飛田給」は

東京第一教区教化部長　大和七生

「飛田給道場」には色々なシンボル的なものがあるが、巣立った者にとっては、それがどんなに小さなものであっても〝宝もの〟であって、素直さを引き出してくれるものである。

會て、正門であった東側の門は、大勢の人々を受け入れてくれたが、今のご時世では品川通りに面した門がメインとなって東門は脇役の感がある。その傍に池があり、消火栓用の溜め池の役目もあって常に水が満々とあって、その中で小さな魚が遊んでいる。ハスの華も咲いていた。周囲は梅や椿や山吹、杉の木立ちで賑わって樹木が生かし合って生きていた。

その昔、吾輩はボストンバッグを提げてガクランで「飛田給」駅を降りた。当時、空気もピーンと張って、新宿界隈と違って気温も低く、ヒンヤリとして襟を正さなければならなかったことを今も身体は憶えているから不思議である。やっと辿り着いた私は、池の前に座り込んで小さな魚を観察していたが、その後、生きものの世話をする係となって練修生のひとりになった。

当時、徳久克己先生は海外に出張されていて、「人類光明化運動を志す若者が、植物を殺し、動物を殺し、畑仕事も出来ずに作物を殺すようでは資格のない振舞いである」と先輩格が檄をとばし、道場訓を喋っていた。しかもエスカレートした先輩は「貴様が沸かした風呂は死んでいる」といった禅問答もあった。お蔭で一年間以上も三助を遣らされた。その後も下座行がつづき、外廻りの仕事が与えられた。

ある年、木の芽どきの練成会に大勢の参加者があった。その中に身体の大きな女性がいて、他の人とは違った振舞いをして道場員は振り廻された。どこに行くのか、何をするのか分らず、どの場所でも風呂場と間違えて、担当者はいつも毛布を持ってウロウロしていたが、ついにす巻きにして二日間にわたって連続の聖経読誦で落ち着きをとり戻した。帰路深々と頭を下げて「生かされました」と挨拶をして道場をあとにした。

白隠禅師の逸話に、織田信茂という武士が白隠禅師に尋ねたというつぎのような話がある。「私には地獄だとか、極楽だとかはどこにあるかわかりません。なにとぞハッキリ教えてくれませんか」と問うた。すると「あなたは何者ですか」と。「私は武士です」「何に、武士か。それでも武士ですか。武士なら武士らしくしているのがよろしい。なにを迷って地獄だとか、極楽だとか探しまわっているのじゃ。そんなことを訊ねるのはおそらく腰抜け武士であろう」と。信茂は真赤になって怒ってしまった。白隠禅師は怒った態度を地獄と仰言ったという話だ。

ところで愛する飛田給道場は、天国だの地獄だのとの世界はなく、ただ「生かす」ことの世界があって、すべてのものが「生かしているよ」と言ってくれている。だから私にとって飛田給道場とは、そのひと言ということになってしまう。

人まねの指

奈良教区教化部長　森田正紀

昭和四十年二月、高校を卒業した私は初めて飛田給道場の門をくぐりました。道場の庭には紅白の梅の香りがわずかに漂っていました。初めて親元を離れ、練成道場での日常生活というい如にも厳しそうな予感の中、当時は気力も漲る決意であったと思います。

本欄に、先輩各位がいろいろとご紹介下さいましたように、私も豚やニワトリ等の生き物の世話から農事作業をさせていただきました。当時はいい加減いやになったこともあり、こんな事でいいのであろうかと悩んだり行き詰まったりも致しましたが、全国から集まってこられる練成会参加者の方々の〝変身〟していく生の相《すがた》を目の前で体験しておりますと、御教えの素晴らしさと共に、自分はこの教えを多くの人に伝えるのだ、と言う使命感を感じたことでした。

しかし、三年も四年も道場生活をしていると、いつの間にかマンネリというものに陥ってしまいます。当時は徳久先生を始め、魅力と実力のある素晴らしい先生方が練成を指導しておられましたが、先生方のお話はいつも同じ話に聞こえてしまい、「ああ、あの話のあとはこの話で…」と講師の話の流れを覚えてしまいました。

谷口雅春先生御著書『無門關解釋』第三則に「倶胝竪指《ぐていじゅし》」という公案があります。倶胝という和尚さんは修行僧が質問すると、何時も指を一本立てて応えていたというのです。それを見て悟る僧もいるし、わからん僧もいた。ある日、その寺で修行していた小僧が来訪の僧に倶胝和尚のまねをしているのを見て、和尚はその小僧の指を切ってしまった。その時小僧が悟ったという公案です。小僧は和尚の形だけを見てまねしていたので、形にとらわれていた小僧の指を切ったのです。

昭和四十四年秋に徳久先生は二年半のブラジル駐在を終えて帰国されました。その第一声の講演が原宿の生長の家本部で行われ、私は運転手としてご一緒させていただきました。私は、さぞかしブラジルでの数々の感動的なお話を頂けるものと思っていましたが、先生は前と全く同じ話を淡々となさいました。帰りの車の中で私は言いました。

「先生、ブラジルでの色々なお話を聞かせていただけると思ったのですが、以前と同じお話でしたね」と言いにくいことを云ってしまったのです。すると先生は、

「森田、俺は同じ話を同じ気持ちで話したことは一遍もないぞ」と。その話を後でかみしめてみ

たところ、ああ、じぶんはあの小僧と同じだった。先生の形のみを見ていたと大いに反省したものでした。

第十一章　ブラジルの光明化運動発展の〝秘話〟

――〝勝ち組〟〝負け組〟を和解せしめる――

生長の家長老　徳久克己

私が最初にブラジルに行きましたのは、昭和二十七年七月で、約三ヵ月滞在しました。

実はこの時が思えば大変でした。サンパウロの空港には千人ぐらいが手に手に日の丸の旗、ブラジル国旗をもって迎えてくれましたが、この年は皇居前のメーデー事件のあった年です。私は講和条約発効直後の七月に日本をたったのですが、そのころはまだ日の丸の旗を立てる人は殆どいなかったものです。

私は、この飛田給に練成道場を作った昭和二十三年から、ずっと日の丸の旗を掲げています。はじめ、近所の人がとんできて「日の丸の旗を立てて、進駐軍に文句をつけられないか」と注意するんです。私は言ってやった。「日本人が自分の国の旗を立てて何が悪い」と。しばらくして、マッカーサー元帥が〝日の丸の旗は平和のシンボル〟と声明して、どこでも堂々と立てられるようになりましたが、そんな時代でしたから、地球の反対側へプロペラ機でブルンブルン何日もかかって、行き着いた異国で見た日の丸の旗波は、私にとってすごい感動でした。ポロポロ、あとからあとから涙がこぼれ落ちましてね。

血で血を洗い合う〝勝ち組〟と〝負け組〟……

ところで、その場でまず到着のあいさつをしましたが、内心、何で私を呼んだのか、実はよくまだ判らなかった。もちろん、生長の家の布教をしてくれということが第一だったのですが、当時五十万人内外といわれた日系人の間じゃ、勝ち組、負け組の間の争いが、まだ大変なものであったんですね。お互い、殺し合いをやっていたわけです。

私を呼んだ人達は、まず大多数が勝ち組で占められていました。もちろん、着くまでは私も全く事情を知りませんでした。生長の家は昔から愛国心を説いてきましたから、自然と勝ち組が多かったのでしょう。

この人達が中心で私を呼んだのですが、はじめはだれも講演会費をさし出さない。仕方なく、ある人がひとりで立て替えたのです。なぜかというと、もしも徳久が「日本は敗けた」なんて言ったら、さっさと日本へ追い帰すつもりだったんです。もし「日本が勝った」と言えば、費用を分担しようという肚《はら》なんですね。

そんなことで、皆の表情は申し合わせたように、コチンコチンに固い。主に二世の間で、血で血を洗う争いがくりひろげられているのですから無理もない話ですが。たとえば、若い者同士が恋愛して親に結婚の許しを得る場合にもそれぞれの親は、互いに相手方が勝ち組か負け組かをまずたしかめて、もし陣営が違ったら絶対に許さないという有様です。

さて、日の丸の旗波を見て感動した私は、無意識で「ありがとうございます」と、合掌しながら飛行機を降りました。この私の姿を見て、出迎えの人達もすごく感動したという話を、あとで聞きました。

しかし全ブラジルから集まった生長の家の幹部五十人余りは、やがてサンパウロ市内の本部で私と向かい合っても、笑顔というものが全くない。この席で私が改めて合掌しても、皆ただ黙って頭を下げるだけです。

ちょっと説明しますが、私どもが「ありがとうございます」と合掌するのは、飛田給の道場が始めたものです。宗教くさいと嫌う人も居りますが、相手に感謝するこの合掌の姿こそ、平和をあらわすものというのが私どもの信念なのです。

「すばらしい日本の話」をしにきた

話がそれましたが、私はそこで申しました。「あなた方、なにか私に言いたいことがあったら、どうか遠慮せずに言ってください」と――。

すると、ひとりが勢いよく手をあげました。「先生！　これからブラジル中を歩いていて、もしも戦争に負けたなんて言ったら承知しませんゾ」――。いまもありありと、このときの場面が浮かびます。このひとことが、ブラジル初訪問の私にあびせられた第一声だったのです。

私はしかし、勝ったとは申せません。といって、負けたと正直に言っては、すぐにたたき出されてしまいます。

そのとき、頭の中でパッとひらめいたのですね。それは思えば神の啓示でした。神というのは、私が信仰する身ですから、自己の内面からわき出たものを〝神〟と呼ばせてもらうわけです。

「私は、勝ったとか負けたとかという、現実の姿を伝えるためにきたのじゃない。谷口先生は何とおっしゃっているか。日本の理念は、勝ったとか負けたとかの上にある。そして、永遠に滅びない、日本にしかないものがずっと続いている。私はこの、すばらしい日本の話をしにきたのだ」――。

皆びっくりしましたね。勝ったと言ってもらいたいのですから。

その晩第一回の講演会があったのですが、なんと千人以上が集まりました。こうした講演会で、へたに負けたなんて言ったら、それまでなら袋叩きにされたわけです。

私はその年、まだ四十二歳でしたから、医者の宗教家という、もの珍しさもあるでしょうが、早く言ってひやかしだったんですね。

私がそこで話したのは、人の心の話ばかりでした。神の話はしませんでした。こんな話もしました。

以前、私が大阪へ講演に行ったときのこと。生長の家の旗を担いだ人がたったひとり、駅に迎えに出ていて、私のバッジを見て会場付近まで案内してくれた。そこからは私はひとりで会場へ行き、「ありがとうございます」と中へ入ろうとしたら、受け付けが「お金」と言う。どこの世界に、自分の話をする席に入場料を払うことがありますか。「私は東京の徳久です」と何度もくり返しているうち、やっと先方も気付き、びっくりしたというわけだったけど、あとでその人が曰く、「東京から医学博士の偉い先生がくるというから、もっと年寄りとばかり思っていた」。

こんな例はよくあったんです。そこで、ブラジルの初講演で私は力をこめて話したのです。間違ったことを正しいと信じたら、こんどは正しいことが間違って見えてくる。ここに人生のあやまりがある。徳久が六十歳だといったん思ったら、私が四十歳の顔で行っても、にせ者だと信じる。間違った観念が入ってしまったら、正しい観念が入らなくなってしまう――と。

顔の筋肉が七年間も貼りついて……

また、産婦人科医としての面白い話もしたのですが、全然笑わない。終戦このかた七年間、顔の筋肉がすっかりはりついいちゃったのですね。その中、私の次ぎ次ぎと持ち出す面白おかしい話につれ、ようやく場内の空気がほぐれてきました。

人間、だれでも明るい方がよいに決まっています。日本人はとくに笑いを好みます。天の岩戸は、笑いで開かれたのですから。笑いという字はまた、『古事記』によると花が咲くという字を書いている。とにかく笑いは、すべて開くということなんだと説いた。

すると聴衆は笑い出しましたね。なにしろ七年分も笑わなければいけないんですからね。あとの一時間、二時間半、ただもう笑いずくめ。これまでの笑えない心の状態が、いっぺんに崩れ去ったのでしょう。

「何んだかしらないが、とにかく面白かった」と、皆がニコニコとして退場、この夜をきっかけに、私の名がブラジル中にぱーっと広まったわけです。

勝った、負けたと言わないのですから、負け組もだんだん出てくるようになりました。「とにかく、徳久という奴の話は面白いゾ」と、評判になったためでした。

〝祖国〟が敗けたと思いたくない……

勝った、負けたの件については、ブラジルを去る前、二百人の幹部を集めての「練成会」で私は再びこう話しました。

「いままで私は黙っていたが、現象としての日本はたしかに戦争に敗けている。しかし、谷口先生はこう申している。日本は決して敗けてはいない。なぜかといえば、日本は敗けたという形をとって戦争を終わらせたけれど、アジアの各国が、みなりっぱに独立したではないか。東洋民族が白人の支配下から立ち直っただけでも、日本の戦争目的は果たしたではないか。キリストははりつけで肉体は滅びたが、精神は永遠に生きている。日本だって同じことである——。私は満州から引きあげてきて、谷口先生からこう聞かされて心の底から嬉しかった。皆さんもよく判って欲しい」

これを聞いたとき、会場の幹部はポロポロと皆涙を流しました。そして言うには、「そりゃ七年間もたったいま、勝ち組のわれわれも、日本の敗戦はうすうす判っている。しかし考えてもご覧なさい。天皇陛下のおられる日本が敗けたと、どうして思われますか。私どもは何と言って子どもを教育したか。天皇陛下のおられる日本は、世界で一番りっぱな国だと教えてきた。そして、毎日仕事に出るとき、御真影に向かって何と誓ってきたか。私どもは『きょう一日、日本人として恥ずかしくない仕事をいたします』と誓い、頑張ってきたんです。それだけに、日本が敗けて国中めちゃめちゃになったとは思いたくなかった」——。

この気持ちは痛いほど判りましたが、それだけに、勝ち組の耳には事実とかなり違ったデマも流れ込んでいたようでした。

恋人は死んでしまったが、フトまた自分の前に姿を現してくれるのでは、といった切なる願いにも似た心境こそ、当時の彼らのそれだったのです。

また、日系人は皆、日本人として祖国へ帰りたがっていましたが、私は「いや、帰らないでくれ、いま日本は米が不足している。あなたがたがブラジルの米を喰っていてくれるだけでもありがたい」と言ったら大笑いしていました。「あなたがたがブラジルで頑張っていることは、日本の誇りだ。もともと日本人は世界中どこへ行っても、その国の役に立つ民族だ。帰国する金があったらいまのうちに土地を買ってはどうか」ともすすめました。

幸い、信仰で私と彼らは結ばれていますから、全員が心から私の話を聞き入れてくれました。

そして、当時、土地を買った人はすべていま大成功しています。

明治の良さが立派に残っている

さて三ヵ月の滞在で、私はブラジル全国を講演して回り、浄財をさし出してくれる人たちも続々と出て、私のすべての経費をのぞいても二百七十万円というお金が残ったのです。これは大きな金でした。

こうしたお金は、いままでそっくり日本へ持って帰るのが他宗教の例でしたが、私は、谷口先生のお許しを得て、ブラジルの日系二世のための「練成道場」建設資金に残してきたのでした。二世に日本精神を受け継いでもらうための、生きた資金にというのが私の願いでした。（編者注・この資金を元に、イビウーナに練成道場が建てられ、ブラジル光明化の原動力となった）

話がさっきの勝ち組にもどりますが、二百人ほど過激派が官憲につかまり、中には拷問で死んだ人もいたのです。しまいに官憲が「日の丸の旗か、天皇の写真を足でふんだら釈放する」とまで宣言したが、ついに最後まで誰ひとり踏んだ者がいなかったといいます。日本人のひとりとして、それはそれは固い信念で働いてきた人たちなのですね。これこそ真のパイオニア精神です。私はそこに、明治の気骨を感じるのですが、いかがでしょう。

先般、ブラジルの五万ぐらいの市の日系市長が来日の折り、「ブラジルにはまだ古い明治が残っているそうだが……」と聞かれて、「明治が残っていて、なぜ悪いのか。いまの日本と明治の日本を比べ、どちらがよいと思うか。私は明治を受け継ぐ教育のおかげで市長になれたのだ」と、胸を張って答えたそうです。まことに愉快ではありませんか。天皇に対する日系人、とくに一世の考え方も、実に地に足のついたものと思いました。

会社に社長が必要なように、国にも中心がなければなりません。その中心である天皇が、終戦直後の混沌とした時代、天皇が訪れたマッカーサー元帥に対し、風呂敷一ぱいの財産目録を差し出し「私は財産も命もいらない。その代わり、日本国民の飢えを助けてほしい」と訴えたところマッカーサー元帥も感激して天皇に抱きついたという話は、私自身で調べて事実なことを確かめました。このような元首が、世界広しといえどどこにおりますか。

天皇に対する考え方――これは谷口先生が戦前戦後、つねに一貫して説いてこられたところで、ブラジルの日系人の胸を深くうつものがあったわけです。

いまひとつ、生長の家がすばらしい広まりをみせたのは、生長の家の説く〝万教帰一〟の面があずかって力あるわけです。

日系人の場合、一世は仏教か神道で、二世、三世はカトリックがほとんどです。仏教、カトリックともご承知のように排他的ですから、当然のように親子間に争いが起きる。生長の家では、仏教もキリスト教も真髄は全く同じであると教えているわけで、昭和二十七年に私がはじめてブラジルでこの点をよく判るように説いたのです。これが、ブラジルでの生長の家の大きな足跡のひとつだと確信しています。

日本人だけが出来る役割りを果そう

今後、私どもが日系二世、三世に強く望んでいきたいのは、どうかブラジルで、日本人でなければできない役割りを果たして欲しい、親の日本人魂を立派に受け継ぎなさい、ということなのです。もし、そうでなければ、日本民族としての存在価値がないではありませんか。

幸い二世の間で、そしてブラジル人の間でも、日本人魂を学びとろうとする意欲がさかんで、まことに喜ばしいことと思っています。

この陰には、戦後二十年を経た現在の日本の経済繁栄が物を言っているわけですが、それだけに、日本に住む日本人ももっと誇りを持つべきではありませんか。

戦後すっかり気落ちした日本人が、いま経済復興を果たしてやっと自信をとり戻しかけていますが、いまこそ、日本の古きよき姿を再発見し、いかに世界平和に寄与できるかの道を考えていくべきでしょう。

日本が存在することにより、アメリカがよくなった、ブラジルがよくなったというのでなければ、日本の存在価値がないではありませんか。

重ねて申します。愛国心というと妙な受けとり方をされることがありますが、要するに日本人の誇りというものは、日本人として、日本人ならではできないものを持つということなのです。

そして、私ども日本人はそれを持っているのです。三千年の日本の歴史をふり返るとき、はっきりと認識できるはずです。最後にひとこと。こんど帰国するとき（編者注・昭和四十四年十一月）送別会の席上でブラジル人の女教師が私にこう申しました。

「ドクター徳久、あなたによって私は、ブラジルの国を愛さなければいけないと悟った。ブラジル人がブラジルを愛さずして、いったい誰がブラジルを愛するだろう」と。

（「ブラジルに生きる〝良き日本〟」―『虹』昭和四十五年三月号より）

生長の家本部練成道場年表

(年)	(月・日)	(主要事項)
昭和20	11月	谷口雅春先生、『生長の家』誌十一月号に「生長の家社会事業団」設立の構想を発表。
21	11月	医学博士・徳久克己氏、満州より引き揚げ、高知で産院開業。同院に「精神科学研究所」を併設。
22	3月29日	徳久克己氏、個人雑誌『精神科學』を創刊。
	8月7日	谷口雅春先生、徳久克己氏に無痛分娩産院院長としての上京を打診する速達便を出される。
	11月	谷口雅春先生、『白鳩』誌十一月号「近況通信」に、飛田給にある多摩保養園を購入し、生長の家と米国メンタルサイエンス教会との共同布教本部を設置して無痛分娩産院を開設する計画を発表。
23	1月25日～26日	高知市で講習会。徳久克己氏、谷口雅春先生の随行員となる。
	1月31日	多摩保養園の受渡し完了。
	2月	生長の家・メンタルサイエンス東洋本部を開設。(総裁・谷口雅春、理事長・谷口清超)

昭和23	2月	生長の家児童保育院（神の国寮）開設。（寮母・三田栄美子）
	3月16日～25日	「光明生活実践会」が行われる。東京青年会から十四名が参加。
	3月27日～28日	「全日本生長の家青年会全国大会」が開催される。（於・赤坂の本部道場）
	4月	徳久克己氏の上京に伴い、『精神科學』誌、四月号より東洋本部の機関誌となる。
	4月	谷口雅春先生、『精神科學』誌四月号に「東洋本部創設の辞」を発表。
	4月13日～21日	2回目の「光明生活実践会」を開催。
	5月	生長の家本部を飛田給に移転。
	5月20日～6月3日	「光明実践練成会」を開催、約八〇名が参加。参加者に『光明実践委員』のバッジが贈られる。五月二十九日、谷口雅春先生、谷口輝子先生、谷口清超先生が来道されて練成会を指導。（後にこの日が道場創立記念日となる）
	6月	谷口雅春先生、公職追放となる。
	9月1日～14日	「祈りの会」が始まる。（谷口雅春先生の公職追放決定を受け、「光明実践練成会」の名称を変更）
	11月1日～14日	「祈りの会」を「神性開発練成会」と名称を変更する。（谷口雅春先生が命名）
	12月28日	谷口雅春先生、教主を辞任し、全国講師として布教に専念。
24	8月27日	メンタルサイエンス教会創始者、H・S・ハードマン博士が来日、飛田給を始め全国で講演。
25	4月24日～5月3日	尾道に西日本練成道場を開設し、練成会が始まる。飛田給の練成会日数は二週間から十日間に変更。

	5月3日	「青年会全国大会」で徳久克己氏が二代目青年会会長に就任。
	8月21日	福岡から九七名が上京、練成会と講習会（8月25日～28日、於・高尾）に参加。
26	4月29日	ハワイより二六名が来日、練成会に参加。
	5月20日	九州から貸切り列車で約百名の白鳩会員が上京、練成会に参加。
	8月6日	谷口雅春先生、公職追放解除となる。
27	2月日	谷口雅春先生、『生長する青年』誌二月号「巻頭言」に「神は愛なり」を発表。
	4月日	「青年特別教修会」開催のために増築中だった講堂（六百名収容）が完成。
	4月30日～5月3日	「生長の家青年特別教修会」を開催、七三二名が参加。
	5月30日	宗教法人「生長の家教團本部練成道場」設立登記完了。
	7月5日	徳久克己氏、アメリカ・ブラジル講演旅行に出発。（12月29日帰国）
28	2月	ハワイより宮王良丸氏、ブラジルより松田巳代志氏が一年間の研修のため来道。
	4月28日	「生長の家祝福班」が誕生し、第5回「青年会全国大会」に於いて実践される。
29	1月6日	「子供大会」開催、八七〇名の児童を含む約千名が参加。
	1月	「児童福祉光明班」が誕生。
	2月28日	道場敷地内で縄文式中期の住居址が発掘される。
	3月	生長の家本部に地方練成部を設置。（部長・嘉村俊熈、主任・楠本加美野）
	3月24日	アメリカの光明思想家スター・デーリー氏夫妻が来日。
	6月22日～23日	谷口雅春先生、谷口清超先生、スター・デーリー氏夫妻の指導による「特別短期練成

		会」を開催。七〇〇名以上が参加。
昭和29	6月	山形を振出しに全国各地で「地方練成会」が開催される。
	7月	「生長の家宇治別格本山修練道場」落慶。
	7月	「十代の集い練成会」を開催。四八名の高校生が参加。
	8月6日〜10日	「生長の家子供練成会」を開催。小・中学生約一〇〇名が参加。
	10月1日〜10日	「第100回記念神性開発練成会」を開催。「神は愛也」の御揮毫を新調。（裏面は「神愛能癒」から「自性神仏」となる）
30	8月11日〜15日	「十代のための練成会」を開催。五〇名の高校生が参加。
	10月24日〜30日	関東医療少年院で男子のみを対象に練成会を実施。
	11月6日〜12日	関東医療少年院で女子のみを対象に練成会を実施。
	11月18日	道場食堂が火災で全焼。献労により一週間後には一五〇名収容の仮食堂が完成。
31	6月21日	谷口清超先生、ハワイ、アメリカ、ブラジル御巡錫へ出発。随行徳久克己理事。（10月1日帰国）
	8月16日〜20日	「全国高校生練成会」・「全国高校生連盟結成大会」を開催。二三〇名が参加。
32	2月	徳久克己氏、飛田給と宇治の両道場の責任者を兼務。
	11月22日	長崎練成道場を開設。（道場責任者・徳久克己、主任・村田圭介）
33	8月16日〜20日	「特別高校生練成会」に九州から三〇〇名（内、熊本から二五〇名）が参加
	12月26日〜28日	冬休み高校生見真会を開催。

34	4月	生長の家の幹部養成を目指す「練修生制度」が発足。
	9月11日〜13日	「青年会女子部練成会」を開催。（谷口輝子先生が毎日御指導）。全国から四五〇名の女子青年が参集。
	9月	九州の練成会場が長崎道場からゆには練成道場に移る。
	11月6日	「伊勢皇大神宮復興奉仕実践練成会」が始まる。（36年3月終了）
35	3月19日〜20日	「中小企業経営者の集い」を開催。
	4月2日〜4日	「生長の家教育関係者特別研修会」を開催。
	5月6日〜10日	「青年のための練成会」を開催。
36	2月	ブラジルより一八名が来日、「伊勢神宮奉仕実践練成会」に参加。
	6月	谷口清超先生『聖使命』紙六月二十一日号に〝長期の聴聞〟と題して練成会の大切さについての文章を発表。
	12月29日	「橿原神宮奉仕実践練成会」が始まる。（1月1日まで、38年6月終了）
37	3月27日〜28日	生長の家「栄える会」が誕生。（「中小企業経営者の集い」から発展して名称を変更）
38	3月10日	谷口雅春先生夫妻が世界御巡錫へ出発。（徳久克己・仙頭泰両本部講師が随行、10月14日帰国）
	6月11日	「富士河口湖練成道場」を開設。
	9月22日〜24日	「家族大練成会」を開催。
39	9月8日	米国光明思想家ロイ・ユージン・デービス氏が来道、「一般練成会」で講演。
41	5月21日	徳久克己氏、北南米の巡講へ出発。（2月22日帰国）

昭和42	3月25日～26日	「真理教室」（徳久練成局長による月例講演会）始まる。
42	5月	新道場建設のため、既存建物を富士河口湖練成道場に改移築することを決定。
	5月	谷口清超先生『聖使命』五月二十一日号に「光は道場より」と題して道場の新改築とその使命についての文章を発表。
	6月1日～10日	道場新築工事のため本部会館での練成会を開始。（44年12月終了）
	8月30日	徳久克己副理事長、ブラジル駐在の途につく。（44年10月9日帰国）
	10月12日	旧飛田給道場建材で増改築なった富士河口湖練成道場捧堂式。
43	2月21日	新練成道場の地鎮祭。
	3月25日～30日	富士河口湖練成道場で「能力開発センター社員研修会」を開催。（企画運営・本部練成局）
	9月	新道場の完成予定を四ヵ月早めて四十四年十一月（谷口雅春先生喜寿記念特別講習会のため）とする。東京都の信徒による建設現場での献労奉仕が始まる。
44	3月11日	新練成道場上棟式。
	9月14日～20日	松陰練成道場が開設され、本部練成会が始まる。
	11月21日	立教四十周年谷口雅春先生喜寿奉祝全国信徒大会・新練成道場捧堂式。 谷口雅春先生「飛田給練成道場を献ぐる詞」を奏上される。
45	1月	「聖経・法供養」が誕生。
	3月	「社長の会」が発足。
	4月24日～26日	「地方講師練成講座」を開催。

	6月1日〜10日	「第300回記念特別練成会」を開催。
	12月	「社長の会」が「生長の家トップセミナー」（STS）へ名称を変更。
47	4月17日〜20日	「新入社員特別光明練成会」を開催。
	6月10日〜21日	「職場開拓者養成のための地方講師練成講座」を開催。
48	3月1日	「栄える会関東ブロック大会」を開催。
	3月10日	「栄える会全国会頭会議」を開催。
49	7月1日〜10日	谷口清超先生ガーナ御巡錫。
	9月20日〜22日	「繁栄練成講座」を開催。
50	5月1日〜10日	ガーナより来日したブラックソン氏が講演。
	9月3日	徳久克己海外総長夫妻が米国光明化へ出発。
	9月27日〜29日	「練成指導者研修会」を開催。
51	8月27日〜29日	「全国母親練成会」を開催。
	10月23日〜25日	「繁栄練成会」を開催。
53	11月21日	龍宮住吉本宮落慶、生長の家総本山となる。
54	2月	総本山にて「団体参拝練成会」が始まる。
	3月1日	立教50周年祝賀式。お山四先生御臨席のもと三千余名の全国代表幹部が集う。
55	4月11日〜14日	「新入社員教育練成会」を開催。
56	2月6日	徳久北米教化総長が五年七ヵ月の任を終えて帰国、副理事長兼国際局長に就任。

昭和57	1月	楠本加美野氏が道場総務に就任。
	2月	体験談集『飛田給』創刊。
	4月10日〜12日	「伝道実践者養成練成会」を開催。
57	4月	「長期練成会」（毎月十三日から翌月十二日）を開設。
58	5月20日〜23日	「繁栄練成会」を開催。
60		徳久克己氏が道場総務に就任。
61	4月	「生長の家能力開発センター東京・飛田給研修所」を開設。
	5月19日〜23日	「経営トップ研修会」を開催。
63	5月14日〜17日	「女性の幸福練成会」を開催。（平成十三年度より「女性のための練成会」と名称が変る）
平成4	2月8日	吉田武利氏が道場総務に就任。
8	4月1日	岡田淳氏が道場総務に就任。
9	10月	「道場大改修募金活動」を開始。
10	1月	「能力開発繁栄セミナー」を開催。
	5月10日	阪田成一氏が道場総務に就任。
	9月4日〜6日	「光明実践練成会」（「伝道実践者養成練成会」の名称を変更）を開催。
	9月25日〜27日	「長寿練成会」を開催。
13	3月3日	「道場大改修工事」が完了し、「落成感謝奉告祭」を執り行なう。

生長の家本部練成道場（飛田給）年間行事

〈練成会〉

○一般練成会　（毎月一日から十日）

○短期練成会　（毎月原則として第三木・金・土・日）

○光明実践練成会（毎月原則として第二金・土・日）

※「光明実践練成会」は練成会の最初の名称で、当初の目的である人類光明化運動を担う人材を養成する「練成会」として、相・白・青の会員、地方講師・光明実践委員を対象としております。

〈各種練成会〉

○新春練成会

○全国大会奉祝練成会

○出身者練成会

○長寿練成会

○女性のための練成会

○家族練成会

〈能力開発センター東京・飛田給研修所〉

○経営トップセミナー（三泊四日・年二回）

経営者、経営者を目指す者を対象

○能力開発セミナー（三泊四日・年三回）

企業、並びに各界の中堅幹部を対象

〈聖経・法供養〉

生長の家創始者・谷口雅春先生が、飛田給練成道場のみに授けられた希望成就の祈願で、希望成就の祈願を受けられる方に〝真理〟の供養をいたします。

〈申し込み方法〉

法供養を受けられる方の顔写真を「申込書」に添付して「現金書留」でお送り下さい。（写真がなくても申し込みは出来ます）

詳細は、生長の家本部練成道場「聖経法供養課」まで。

生長の家本部練成道場・案内図

東京都調布市飛田給2—3—1
ＴＥＬ　0424—84—1122
ＦＡＸ　0424—89—1174

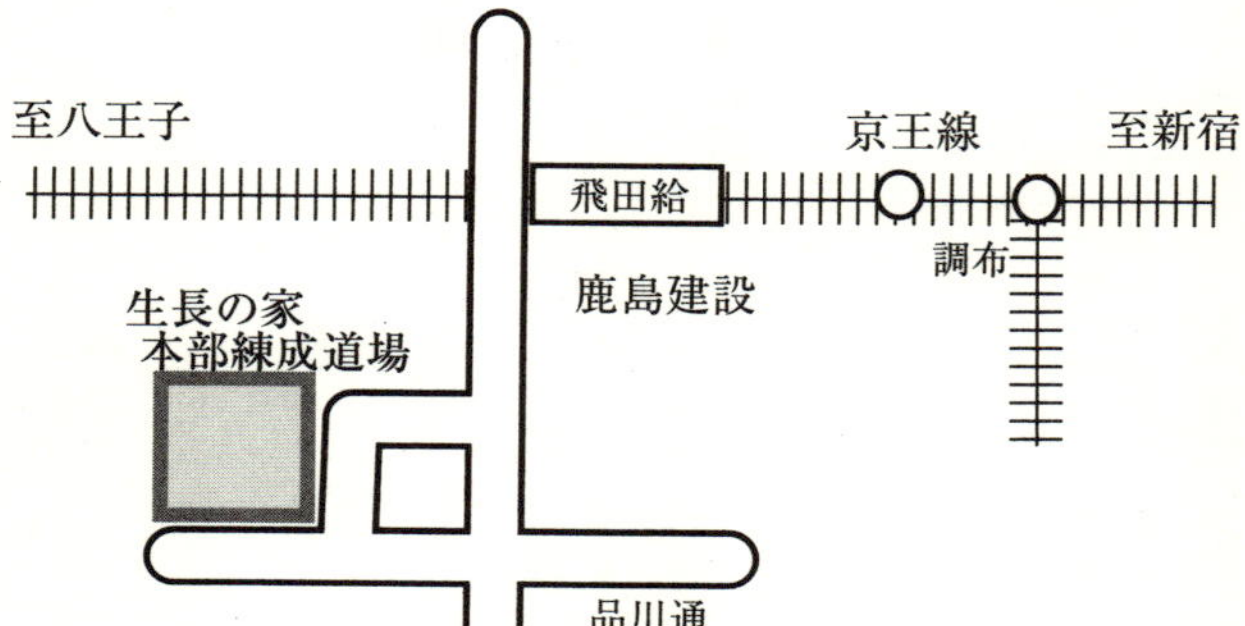

神性開発《しんせいかいはつ》

「練成会《れんせいかい》」発祥《はつしよう》の地《ち》・飛田給《とびたきゆう》

発　行　平成13年 5月 1日　初版発行
平成17年12月10日　3版発行

編　者　生長《せいちよう》の家本部《いえほんぶ》 練成道場《れんせいどうじよう》〈検印省略〉
発行人　岸　重人
発行所　株式会社日本教文社
〒107-8674東京都港区赤坂9-6-44
電話03(3401)9111（代表）
03(3401)9114（編集）
FAX03(3401)9118（編集）
03(3401)9139（営業）
頒布所　財団法人世界聖典普及協会
〒107-8691東京都港区赤坂9-6-33
電話03(3403)1501（代表）
振替00110-7-120549番
印刷・製本　光明社

日本教文社のホームページ　http:/www.kyobunsha.co.jp/

定価はカバーに表示してあります。
乱丁本・落丁本はお取り替えいたします。

ISBN4-531-06358-9